沈阳市社会科学重点课题(SYSK202301009)资助

基于时空图学习的出租汽车起讫点需求预测

黄明霞　刘　阳　邢佳璐　著

人民交通出版社

北京

内 容 提 要

本书针对出租汽车起讫点需求预测问题，提出了基于多头动态图注意力网络（MDGAT）和多层级连续时间动态节点注意力网络（MCNAT）的模型。MDGAT通过动态图生成和时空注意力机制，有效挖掘时空特征，提升预测精度。MCNAT则通过连续时间嵌入和多层级时空感知层，解决数据稀疏性问题，增强模型鲁棒性。实验结果表明，两种模型在真实数据集上均优于现有方法，为出租汽车需求预测提供了新的研究思路和方法，对智慧交通系统的优化具有重要意义。

本书可供相关研究人员参考阅读。

图书在版编目（CIP）数据

基于时空图学习的出租汽车起讫点需求预测/黄明霞,刘阳,邢佳璐著. —北京：人民交通出版社股份有限公司,2025.5. —ISBN 978-7-114-20301-5

Ⅰ.F542-39

中国国家版本馆CIP数据核字第2025ZP2650号

Jiyu Shikongtu Xuexi de Chuzu Qiche Qiqidian Xuqiu Yuce

书　　名：	基于时空图学习的出租汽车起讫点需求预测
著 作 者：	黄明霞　刘　阳　邢佳璐
责任编辑：	李　良
责任校对：	赵媛媛
责任印制：	张　凯
出版发行：	人民交通出版社
地　　址：	(100011)北京市朝阳区安定门外外馆斜街3号
网　　址：	http://www.ccpcl.com.cn
销售电话：	(010)85285911
总 经 销：	人民交通出版社发行部
经　　销：	各地新华书店
印　　刷：	北京科印技术咨询服务有限公司数码印刷分部
开　　本：	720×960　1/16
印　　张：	6
字　　数：	88千
版　　次：	2025年5月　第1版
印　　次：	2025年5月　第1次印刷
书　　号：	ISBN 978-7-114-20301-5
定　　价：	89.00元

(有印刷、装订质量问题的图书，由本社负责调换)

前言

以巡游出租汽车、网约车、新能源汽车、无人驾驶出租汽车为载体的共享出行是智慧交通建设的重要环节，出租汽车需求预测有助于优化运营管理，缓解交通拥堵，提高城市路网的运输能力。但现阶段多数研究聚焦于区域级单点需求预测，针对起讫点（OD）的需求研究并未得到足够关注。

然而，相较于单点需求预测，OD需求预测在路径规划、拼车、调度等问题上更具现实意义，且高维度、高稀疏性OD矩阵的时空关系更加复杂，在预测上更具挑战性。有鉴于此，本书在时空数据挖掘、图学习、神经网络等技术背景下，对出租汽车OD需求预测问题进行了深入研究，主要研究内容及成果包括：

（1）出租汽车OD需求预测研究梳理。首先，对出租汽车OD需求预测问题进行系统研究梳理，分析现阶段OD需求预测面临的主要挑战：动态时空图构建、时空特征挖掘、起讫点语义区分以及数据稀疏性等；随后，详细介绍时空数据挖掘的完整实现流程，以及深度学习、图学习等相关知识基础；最后，进行数据准备，完成数据清洗、集成、地图匹配等预处理操作，并对清洗后数据进行时空特征分析。

（2）为解决动态时空图构建及时空特征挖掘问题，构建基于多头动态图注意力网络的模型。首先，针对输入数据设计动态时空OD图生成单元，通过嵌入时间空间信息生成动态时空图；其次，设计动态时空注意力单元，实现OD需求时空依赖的关系学习；最后，选取海口、纽约两个城市的真实数据集进行仿真预测，结果表明基于多头动态图注意力网络的模型优于5个基础模型，预测结果在MAE（平均绝对误差）和RMSE（均分根误差）两个指标上分别较最优模型提升了8.28%和8.47%。

（3）为解决起讫点语义区分及数据稀疏性问题，构建基于多层级连续时间动态节点注意力网络的模型。首先，设计时空图构造单元，针对起点、讫点设计双策略元路径随机游走，完成起讫点语义区分，并引入衰减函数完成节点更新表示；随后，在时空相关性学习单元，设计基于多头注意力机制的多层次时空感知层，进行局部空间聚合并共享参数空间，为缓解稀疏性影响，预测阶段引入L_{sparse}进行模型优化，使模型更加关注出行需求量较小的边。结果表明，基于多层级连续时间动态节点注意力网络的模型优于6个基础模型，MAE和RMSE两个指标分别较最优模型提升了4.74%和7.48%；面对稀疏数据的鲁棒性更强，F_{Lscore}指标在0.69以上，较最优模型提升了9.85%。

本书由黄明霞、刘阳、邢佳璐著。

本书的出版得到了沈阳市社会科学重点课题（SYSK202301009）的资助。同时，本书在编写的过程中参考了国内外大量的书籍、文献，在此一并表示感谢！

由于作者学识有限，书中难免存在认识不足和疏漏之处，恳请读者批评指正。

著　者

2025年2月

目 录 CONTENTS

第一章　绪论 ………………………………………………………… 1
　第一节　研究背景与意义 ………………………………………… 1
　第二节　国内外研究现状 ………………………………………… 2
　第三节　本书内容结构 …………………………………………… 7
第二章　相关概念与技术介绍 ……………………………………… 10
　第一节　时空数据挖掘 …………………………………………… 10
　第二节　深度学习理论 …………………………………………… 16
　第三节　动态图及时空图学习 …………………………………… 24
　第四节　本章小结 ………………………………………………… 31
第三章　问题定义及数据重构 ……………………………………… 32
　第一节　问题定义 ………………………………………………… 32
　第二节　数据来源 ………………………………………………… 34
　第三节　数据预处理 ……………………………………………… 38
　第四节　出行需求数据特性分析 ………………………………… 41
　第五节　本章小结 ………………………………………………… 50
第四章　基于MDGAT的出租汽车OD时空特征挖掘预测模型 …… 51
　第一节　模型总体框架 …………………………………………… 51
　第二节　基于MDGAT的出租汽车OD需求预测模型 ………… 52
　第三节　实验 ……………………………………………………… 57
　第四节　本章小结 ………………………………………………… 67
第五章　基于MCNAT的出租汽车OD时空特征挖掘预测模型 …… 68
　第一节　基于连续时间的出租汽车OD需求预测 ……………… 68

第二节　模型框架 …………………………………………… 69
　第三节　实验 ………………………………………………… 74
　第四节　本章小结 …………………………………………… 83
第六章　结论和展望 ……………………………………………… 84
　第一节　结论 ………………………………………………… 84
　第二节　创新点 ……………………………………………… 85
　第三节　展望 ………………………………………………… 86
参考文献 …………………………………………………………… 88

第一章 绪论

第一节 研究背景与意义

交通系统兼具维持城市运转和便利居民生活的双重功能,是城市发展的重要基础,但随着城市规模扩张、人口增长、机动化水平提高,城市交通压力逐步增大,交通拥堵问题又反作用于城市发展,限制城市的正常运转。第二届联合国全球可持续交通大会上,习近平总书记指出:"交通成为中国现代化的开路先锋"。智能化水平进一步提升是交通强国建设的一项重要目标,大力发展智慧交通,要通过先进信息技术赋能,提高交通运输全要素的生产力。因此,缓解交通拥堵问题,借助新兴大数据、GNSS(全球导航卫星系统)、云计算、人工智能等信息技术,发展智慧交通,提升城市路网的运载能力、优化交通系统的组织协调能力是亟待解决的重要问题,也是全面建设社会主义现代化国家的必然要求。

受限于覆盖率以及运行时间、线路等问题,大运量公共交通方式不能满足居民的个性化出行需求,出租汽车作为需求响应型的公共交通工具,凭借其高通达性、全天运行等特点,成为城市居民出行的重要方式。以巡游出租汽车、网约车、新能源汽车、无人驾驶出租汽车等出租汽车为载体的共享出行作为智慧交通建设的重要环节,受到政府大力支持引导。研究表明,若出租汽车供需完美匹配,市场整体效率将提升60%以上。对出租汽车运载数据进行实时详细的统计分析,并与人工智能等信息技术相结合,挖掘时空数据背后的深层信息,进行出行需求预测,可以提前规划线路、合理安排合乘,对提高城市路网运输能力有很大帮助,也能有效提升出租汽车平台提高运营效率。

出租汽车需求预测问题包括在单区域出行总数的节点需求预测和区域对之间的起点—讫点(OD)出行需求预测两类。传统的节点需求预测侧重于预测单个目标区域的需求量,没有考虑区域间交通流动关系;OD 需求侧重于预测每个需求的出发地和目的地,包含一定的宏观交通状态,能够反映不同区域之间复杂的吸引性关系,且 OD 矩阵数据量庞大、维度更高、稀疏性更强,对实验影响更为严重,因而 OD 需求预测更具挑战性。对出行起讫点需求进行准确的预测,有助于平台在实时匹配、重新分配闲置车辆、共享拼车服务、动态定价等方面作出更优化的决策,对于平台或运营商来说十分重要。

综上所述,出租汽车起讫点预测对改善传统出租汽车供需信息不匹配问题具有重要现实意义。构建准确的出租汽车 OD 需求预测模型,有助于提升用户出行体验,实现平台合理规划,缓解当前出租汽车系统低效问题,同时也为今后全面深入地开展智慧城市建设打下了坚实的基础。

第二节　国内外研究现状

OD 需求预测始于早期静态的 OD 需求估计,基于以往的研究和调查结果,使用增长率法、重力模型、引力模型等经典交通分布方法,获得固定区域间的 OD 需求推测值。现代交通系统复杂多变,互联网、GNSS、大数据、深度学习等技术逐渐兴起,OD 需求预测也由最早的宏观静态预测转为基于数理统计的方法、机器学习的方法以及深度学习模型的方法三阶段。

一、统计理论方法

基于数理统计的预测方法指针对历史数据与时间序列进行预测,属于参数方法,常用历史平均模型、自回归滑动平均(ARMA)模型、移动平均(MA)模型、自回归积分滑动平均(ARIMA)模型、卡尔曼滤波模型等。

Djukic T 等综合对比了指数平滑、ARIMA 模型以及卡尔曼滤波模型,在城市居民的旅行轨迹 OD 矩阵预测问题上的表现;Tebaldi 等使用贝叶斯模型分析了有向 OD 对之间流量强度;Chang 等采用两阶段方法,第一阶段分解多个子网进行并行计算,第二阶段设计更新参数进行大规模网络中动态 OD 估计,进一步开发动态流量分配模型,进行时变网络 OD 分布估计;Carvalho 等采用分层贝叶斯模型解决静态 OD 矩阵重建问题;Shao 等根据加权最小二乘法进行 OD 需求均值、协方差矩阵的预测,针对 OD 需求变化路径的选择行为,提出启发式迭代估计分配算法进行优化;Shao 等使用双流体曲线分析方法,对迭代矩阵进行 OD 动态线路引导,同时根据矩阵迭代计算停留时间,进行 OD 动态线路引导;J. Ren 等提出由起点、目的地、车辆类型和时间四阶张量建模,通过张量分解,提取时间因子矩阵,用于预测未来 OD 流量;Li 等提出 NMF-AR 模型,结合非负矩阵分解算法(NMF)和自回归(AR)模型进行 OD 矩阵预测。

基于数理统计的预测方法仅仅应用于提取时间相关特征,虽取得一定进展,但维度过于单一。出行信息数据是典型的时空数据,交通活动复杂,参数预测方法无法同时获取时间和空间特征,处理高维数据时数据丢失问题无法解决,且应对异常事件处理能力较差,效果较为有限。

二、机器学习方法

基于机器学习的预测方法属于非参数方法,即数据驱动方法,能够捕捉复杂数据中的特征关系,常用方法有以线性回归为代表的回归分析法、支持向量机(SVM)、决策树算法、随机森林(RF)、人工神经网络(ANN)等。

俞洁等开创国内利用机器学习模型进行 OD 矩阵预测的先河,利用传统 BP 神经网络对未来 OD 矩阵进行预测,模型针对输入数据具备高敏感性而造成的预测结果不理想现象,进行解析重构,预测结果较数理统计方法更为可靠;Lorenzo 等构建基于改进的全连接神经网络,输入过往 OD 矩阵序列,使用全数据循环训练,依靠方差稳定模型性能,最后通过数据平方根变换完成预测;Wang 等提出基于手机定位的 GNSS 数据，按照时间划分出行需求，运用机器学习模型进行估计预测，但是数据的位置分辨率较低，造成预测结果出现一定偏差；Zhang 等基于灰色关联度构建支持向量机模型，进行混合 OD 需求预测；Woo 等构建基于改进 KNN（K 邻近）的大规模 OD 流量预测模型，针对单级、多级以及混合 OD 需求预测进行验证；刘婧等对比基于卡尔曼滤波的 OD 预测模型和基于 KNN 的分参数预测模型，证明 KNN 模型在不规则 OD 矩阵预测上更为准确。

基于机器学习预测方法的特征选取直接决定预测模型的准确度。相比于针对时间序列进行线性预测的方法，基于机器学习预测方法的准确性、泛化能力得到提高，但是在高维度数据处理方面仍存在缺陷，无法有效处理复杂的高维度数据、非线性相关数据的特征提取，模型运行较慢，耗时较长。

三、深度学习方法

基于深度学习的预测方法，主要包括卷积神经网络（CNN）、图卷积神经网络（GCN）、循环神经网络（RNN）、编码器-解码器以及注意力机制等。交通数据兼具时空属性，传统 CNN 只能处理欧氏空间数据，GCN 在此基础上将出行需求数据处理为图像，可以对非欧式空间数据挖掘复杂的空间依赖性；RNN 及其变体长短时记忆网络（LSTM）、门控循环单元（GRU）、时间卷积网络（TCN）、Transformer 等则用来捕获时间依赖性。

Liu 等率先考虑使用深度学习算法进行出租汽车 OD 需求预测，基于欧式空间的栅格数据，构建局部空间上下文（LSC）、时序语义演化（TEC）和全局相关上下文（GCC）模块，LSC 从起点视图和目的地视角学习订单需求局部空间依赖关系，TEC 融合局部特征和气象信息并使用 ConvLSTM 分析时间演变，GCC 对区域特征进行相似性建模；Wang 等基于多任务处理构建图神经网络模型，使用栅格数据进行网格嵌入，针对乘客的空间流动模式和不同区域的相邻关系构造地理邻居和语义邻居，前者用于质量度量网格与其邻居之间内在紧密度，后者用于度量建模网络中起点和目的地之间交通流的语义强度；Shi 等同时构建两个静态图卷积及一个动态图卷积来捕捉复杂的动态空间依赖关系，并使用平均策略来获得最终的 OD 流量预测;Ke等构建时空编码器-解码器残差多图卷积网络模型,将OD点对作为节点构建邻居关系图、功能相似图、中心距离图以及序列关联图,来刻画OD点对之间的空间联系,通过多图卷积和LSTM提取时空特征进行融合预测;Zhang等设计了一个时空注意力网络,定义k-hop时态节点边注意力层来构建一种动态节点拓扑表示方法,以历史数据、区域间出行发生及吸引量、区域间起讫点数据作为输入,在周、日、临近三个不同的时间粒度上挖掘复杂的时间模式,设计有两层顺序连接的k-hop节点边注意力层学习时间关系,第三层利用注意力机制进行特征融合,以此捕获时变OD图的动态需求模式,同时适用于欧式和非欧式数据集;Zhang等将起点和终点视为两个不同的语义实体构建动态图,将出发地—目的地作为嵌入模块,随机游走聚合邻居信息,完成时空节点表示;魏远等从区域、区域对两个空间维度,以及临近、日、周三个时间维度出发,设计了一种融合新的路径感知融合机制进行多角度特征融合,采用图卷积、时间注意力机制进行时空相关性捕获;陈柘等采用图卷积对城市路网内路段间局部、全局、OD次数三种空间关系进行提取,同时将天气、空气污染、温度、星期四种外部因素以7位独热向量编码表示添加进模型,构建一种图卷积与时间卷积相结合的多角度卷积出租汽车OD预测模型。

基于深度学习的出租汽车预测方法预测精度更高,能够挖掘深层次的时空相关性,解决了以往研究中非欧式空间交通网络无法表征的问题,是现阶段研究的主流方法。本书对现有OD预测相关工作进行全面总结发现,除小部分研究使用CNN外,GNN是现阶段深度学习方法中最为常用的空间特征提取方法,一些工作使用GCN,有的在此基础上使用2DGCN,而另一些工作使用GAN、GAT以及图嵌入等方法来进行空间建模。处理时间信息使用的是常见时序处理模型,如LSTM、GRU、TCN和注意力机制。此外,稀疏性是OD流的一个独特属性,一些研究对数据稀疏性额外关注,单独针对数据稀疏性进行研究,以提高预测精度。

四、面临挑战

综合上述研究现状可知,从传统的数理统计模型到复杂的深度学习模型,目前

基于时空图学习的出租汽车起讫点需求预测

出租汽车 OD 需求预测还处于发展探索阶段。得益于深度学习算法和大数据挖掘技术的发展,众多专家学者可以获得大量出租汽车 OD 订单数据,并使用深度学习模型进行数据挖掘。现阶段,一些基于深度学习的 OD 需求预测模型已取得一定效果,但仍有尚需解决的问题存在。

1. 动态时空网络图构建

图是一种由节点和边组成的数据结构,广泛应用于交通预测领域,现阶段多数研究根据先验信息预先构建基于距离、连通关系和邻接性等的静态交通网络拓扑图,但现实世界中两个区域之间的 OD 吸引关系是随时间动态变化的,建模为图的实体在节点、边的特征和关系上也应兼具时间演变和拓扑结构变化的动态信息。传统方法所构建的静态交通网络拓扑图使模型忽略节点边之间隐含的内在联系;部分研究侧重全域节点应用注意力机制进行相关性学习,会使模型忽略先天的空间位置关系;一些研究将动态图引入 OD 研究,但离散时间动态图时间窗口选择,同样会影响预测效果。因此,如何构建用于描述交通出行网络中区域关系的动态图结构,对于 OD 预测研究至关重要。

2. 时空特征挖掘

作为典型的时空数据,出租汽车 OD 需求在时间空间的相关性和异质性显著。时空相关性表现在出行模式呈现一定周期规律,时空异质性表现为相同时间不同区域对目标区域的出行吸引性不同,且 OD 需求在不同时段内的变化趋势也不同。在 OD 预测中,传统方法分别捕获空间依赖和时间依赖进行串联预测,会造成后置的关系学习模块受前置关系学习模块的影响,对原始信息挖掘不足;还有部分研究仅使用时空层堆叠,虽可以很好地表示时间特征与空间特征,但是对时空相关性的考量不足,往往忽略了时空之间的隐含相关联系;而且针对需求变化趋势性不同会对预测精度造成影响这一问题,并未给予足够关注。

3. 起讫点不同语义表征

从节点角度,OD 需求预测中起点和讫点承担需求发生与吸引两种不同功能,所以应赋予两种不同的节点属性表示,区别其所承担的不同语义特征;从边的角度,在不同的时间段,如早高峰、晚高峰,OD 流的方向不同,OD 边也应该为方向不同的有向边,来表征两个区域对之间不同时段的不同流动关系。

4. 数据稀疏性问题

对于出租汽车订单,精细化划分出发地、目的地区域,会导致 OD 矩阵数据稀疏而分散。训练数据稀疏会降低模型抗干扰能力及鲁棒性,随着数据集时空分辨率提高,同样不可避免地产生信息丢失问题,大量 0 值的产生使模型预测精度出现较大偏差,偏离深度学习模型确定性的高斯假设,导致模型泛化能力不足。现阶段 OD 需求研究鲜有涉及 OD 数据稀疏的问题。

第三节 本书内容结构

一、研究内容

本书各章具体研究内容如下。

第一章:绪论。首先,对本书的研究背景及意义进行说明,指出研究出租汽车出发地目的地需求预测问题,对乘客、驾驶员、平台、城市交通系统以及智慧交通发展的重要现实意义。其次,系统梳理了出租汽车 OD 需求预测问题的国内外研究现状,并总结分析现阶段该研究面临的重要挑战。最后,明确了研究内容以及技术路线。

第二章:相关概念与技术介绍。首先,阐述了时空数据挖掘相关概念以及具体流程,以及 OD 需求预测问题如何通过时空数据挖掘技术实现。随后,介绍了本书所使用的深度学习算法的相关概念、原理、特点以及实现方式,包括卷积神经网络、图卷积神经网络、循环神经网络、注意力机制等,为后面进行模型构建提供坚实理论基础。

第三章:问题定义及数据重构。首先,对出租汽车 OD 需求预测问题进描述,定义 OD 矩阵、OD 图等基本概念。然后,进行数据重构,根据模型所需要的数据格式选择数据并进行数据清洗、数据集成以及数据结构转换,为后文进行实证研究提供数据条件。

第四章:搭建基于多头动态图注意力网络(MDGAT)的出租汽车 OD 时空特征挖掘预测模型。从现阶段预定义 OD 邻接矩阵不能很好表征时空特征以及需求变化的趋势性两个问题入手,介绍 MDGAT 预测模型的总体框架,并详细叙述 MDGAT 网络结构的设计思路与实现流程。首先,在图生成单元针对输入数据进行时间空间信息编码嵌入,完成动态时空图的生成。其次,在时空学习单元,采用多头趋势图注意力网络提取时空特征。最后,选取纽约、海口两个大规模真实数据集代入模型验证其可靠性,进行多种预测方法比较,并通过消融分析实验证明模型各部分的重要性。

第五章:搭建基于多层级连续时间动态节点注意力网络(MCNAT)的出租汽车 OD 时空特征挖掘预测模型。从离散时间动态图预测无法反映起讫点交互关系这一问题入手,介绍 MCNAT 预测模型的总体框架,并详细叙述 MCNAT 模型的设计思路以及实现流程。首先,针对起讫点设计双策略元路径随机游走,并引入衰减函数进行节点更新表示。随后,使用连续时间嵌入,基于多头注意力机制设计多层次时空感知层,进行空间聚合,并进行输出预测。最后,选取纽约、海口两个城市的大规模真实数据集代入模型验证其可靠性,进行多种预测方法比较,并通过消融分析实验证明模型各部分的重要性。

第六章:结论和展望。对本书的研究工作以及主要贡献进行总结,并对未来的研究工作进行展望。

二、技术路线

本书技术路线如图 1-1 所示。

第一章 绪论

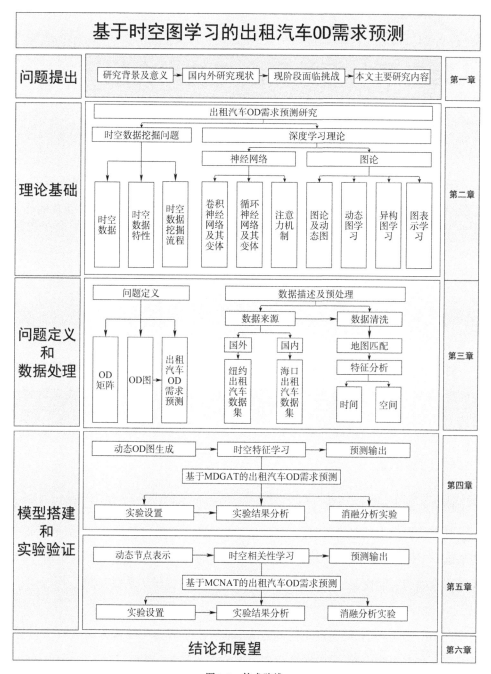

图 1-1 技术路线

第二章 相关概念与技术介绍

OD需求预测属于典型的时空数据挖掘问题，本书所搭建的两个网络模型，需要在深度学习及时空图学习的知识背景下完成。本章主要介绍研究中涉及的相关理论基础，包括时空数据挖掘、深度学习、动态图及时空图学习。

第一节 时空数据挖掘

时空数据挖掘指在兼具时间空间信息的历史数据已知的条件下，将数据转化为信息，利用智能算法在数据间学习隐藏的、具有高价值的、可以辅助决策的特征模式，实现对未来发展状态的预测，是数据挖掘领域的重要分支。

一、时空数据

1. 时空数据定义

时空数据是指同时兼具时间信息和空间信息的结构化数据，是时空数据挖掘的基础，在各类现实场景中得到广泛应用，在交通领域具有极其重要的价值，海量的时空数据为智能交通、智慧城市的建设、运行、发展提供了重要支撑。

2. 时空数据分类

在不同的应用场景，面向不同的任务，时空数据采集和处理方法会有所差异，通常分为时空栅格数据、时空图数据以及时空事件数据三种。

（1）时空栅格数据：时空栅格数据是指在均匀分布的连续空间区域上，按固定时间间隔进行采样,得到排列规整的欧式数据。栅格数据可用二维及以上维度张量表示,使用卷积神经网络等方法捕获欧式数据中邻近区域相关性。图2-1给出了时空栅格数据的示例。时空栅格数据的构造流程如下:

①将目标空间区域均匀划分成栅格,每一个栅格称为一个单元或像素;②进行等间隔采样,按照固定的时间间隔进行栅格内观测数据记录;③在各自单元上赋予属性值表示其实体,形成时空栅格数据。

在交通领域,时空栅格数据常用于研究区域内交通流入流出量,在出租汽车OD需求预测研究中,通常将研究区域的地图划分为 $H \times W$ 等大小的栅格,然后按照一定的时间间隔集计每个栅格内出租汽车的流量,得到栅格—栅格的OD矩阵。

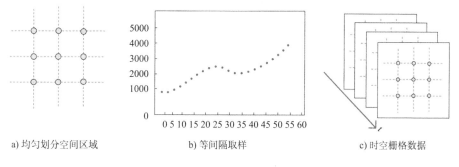

a) 均匀划分空间区域　　　b) 等间隔取样　　　c) 时空栅格数据

图2-1　时空栅格数据

(2)时空图数据:时空图数据指在非均匀分布的空间区域上,按固定时间间隔进行采样的非欧式数据。图数据采用图结构表示,常用图神经网络等方法捕获非欧式数据中邻近区域相关性。每个时间戳上的时空图数据包含三个维度信息,分别为采样的时间间隔(时间窗)、采样的节点位置空间及采样的属性特征。图2-2给出了时空图数据的示例,时空图数据的构造流程如下:

①在非均匀分布的空间区域,按照研究对象的特征选取节点和边;②进行等间隔采样,按照固定的时间间隔,记录不同时间戳对应的节点和边;③形成时空图数据。

在交通学科领域,时空图数据应用场景十分广泛,如可以表示高速公路检测点的交通流量、城市地铁不同站级的流量、铁路网、航线网络、公交网络等。在出租汽车OD需求预测研究中,常将上下车位置作为节点,起讫点之间连线作为边,然后按照固定的时间间隔集计每对起讫点之间的出行需求,得到 OD 时空图数据。

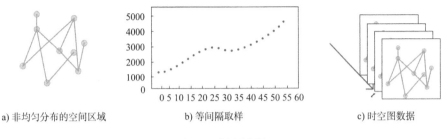

a) 非均匀分布的空间区域　　　b) 等间隔取样　　　c) 时空图数据

图 2-2　时空图数据

(3) 时空事件数据:时空事件数据指按照事件发生的顺序而非固定时间间隔,来更新节点表示的非欧式连续时间数据,通常以交通轨迹数据为主要获取来源。事件数据同样用于图神经网络的预测问题,但多侧重研究微观个体行为,图 2-3 给出了时空事件数据的示例,时空事件数据的构造流程如下:

①每个事件数据包含时间和空间维度信息,在每个事件发生时记录其时间戳及空间位置表示;②按照事件发展顺序,更新事件样本的下一空间位置及发生时间,形成时空事件数据。

在交通领域,时空事件数据常用于用户轨迹数据、用户移动事件等问题表示。出租汽车 OD 需求预测中,一个用户出行产生的 OD 需求可以被描述为一个事件元组 (e, l, t),其中 e 为 OD 需求的类型,l 表示位置,t 表示时间戳。一个 OD 需求包含上车时间、上车位置、下车时间和下车位置,由此得到完整的 OD 时空事件数据。

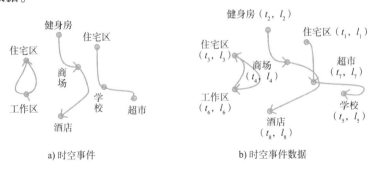

a) 时空事件　　　　　　　　　b) 时空事件数据

图 2-3　时空事件数据

二、时空数据特性

时空数据具有两大特性：自相关性和异质性。如图 2-4 所示，以出租汽车需求时空图数据为代表进行时空数据特性详细分析。

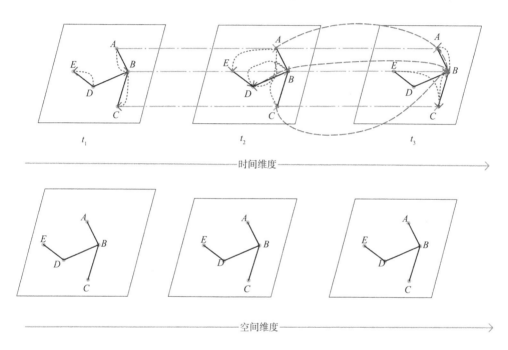

图 2-4 时空数据特性

自相关性是指时空数据在时间、空间以及时空维度存在相关性。时间相关性如图 2-4 中绿色虚线所示，主要分为短期、中期、长期三种依赖关系。在图中，节点 A 在不同时刻的观测值受其邻近多个时间步的观测值影响。实际生活中，短期相关性主要表现为早晚高峰，中期周期性表现为工作日周末特性、星期属性等，长期趋势性则表现为季节变化早晚高峰会相应提前或延迟。

空间相关性如图 2-4 中虚线（—·—·—）所示，主要分为局部、全局以及多重相关性三种依赖关系。局部相关性指邻近节点观测值相互影响，在图中 B、D 节点会影响 A 节点的出行需求。实际生活中表现为某路段发生交通事故会影响其上下游的车流量。全局相关性指不同区域整体状况有相互依赖关系,现实表现为承担相近城市功能的区域不受其空间位置限制,也会存在一定相似性。多重依赖性指空间位置节点的交通特性不仅受单一因素影响,现实表现为不同区域间的可达性、区域间的功能相似性、上下游的交通现状等共同决定整个交通网络的出行需求。

时空相关性如图 2-4 中虚线(——)所示,指不同时间戳的时空图之间会产生跨时空维度的影响。在 t_1 时刻 B 节点上游区域的流量变化会影响 t_2 时刻 B 节点下游区域的流量。现实表现为交通事故、交通拥堵对上下游路段的时滞性影响。在交通领域,挖掘时空数据的时空相关性成为近期研究的一大难点、热点。

异质性指在不同层面时空信息呈现不同特点,常常表现在时空关联并非一成不变,而是动态变化的。时间方面,同一区域不同时间段相关性不同,表现为学校附近区域早晚上下学时段,车流量与其他时段车流量差异极大;空间方面,不同区域空间依赖性动态变化,表现为工作日居住区和商业区交通交互强度高,节假日居住区和娱乐区交通交互强度高。

三、时空数据挖掘

1. 时空数据挖掘分类

时空数据挖掘是指在从时空数据中学习有价值的数据模式、数据规律,针对欧式、非欧式数据进行分类、预测、表示学习等研究。根据任务类型可分为预测、表示学习、检测、分类、推理估计、推荐等,现阶段,超过 70% 的文章集中于时空数据预测。

2. 时空数据挖掘基本流程

数据挖掘的目的不同,导致在过程中侧重点不同,获取信息的方式以及完成流程也不尽相同。明确数据挖掘流程,有助于在实验过程中更快速准确地获得目的信息。完整的时空数据挖掘分为六步:明确问题目标、时空数据准备、数据理解、建立模型、模型评估以及解释模型结果。

(1) 明确问题目标。

时空数据挖掘任务主要有预测、分类、表示学习、异常检测、聚类分析、关联分析等。进行时空数据挖掘的第一步需要明确任务目标,对挖掘任务和目的进行充分分析,根据研究问题从数据库中选择提取所需数据,确定数据格式进行后续时空数据挖掘任务。

(2) 数据准备。

数据准备又称数据预处理,指从初始的未加工数据中构建数据挖掘任务所需数据的活动。数据准备任务可多次实施,无确定性规定顺序,通常包括数据转换、清洗、集成等数据预处理工作。

(3) 数据理解。

明确任务目标并对原始数据完成清洗后,要感知数据并明晰数据特征,对数据进行探索性理解,即特征分析,避免由于对数据不熟悉造成错误导向,进而导致挖掘结果失效等问题。

(4) 建立模型。

此阶段应用各种建模技术设计并应用模型。同一时空数据挖掘任务会有多种建模方法,要根据时空数据挖掘的任务目标综合选择合适的数据挖掘方法,如:学习捕获线性规律的数理统计方法、学习非线性规律的机器学习和深度学习方法等。构建时空数据挖掘模型,同时进行参数优化以达到最优的预测结果。

(5) 模型评估。

此阶段是在获得数据模型之后,需要对其进行模式评估。首先需从技术层面判断模型效果,检查建立模型的步骤,并根据挖掘任务目标考量模型的实用性;其次进行数据验证,使用一组经过数据清洗格式、合规但未进行过数据挖掘的数据,输入数据模型中进行评估,根据评估结果判断数据挖掘模型的可用性。不同模型的评估标准并不固定,需要根据挖掘任务来选择。

(6) 解释模型结果。

此阶段为时空观数据挖掘的最后收尾阶段,使用可视化、知识表示技术等将数据挖掘结果进行展示,使时空数据完成最后的知识转换,便于使用者接收时空数据所体现的信息,快速获取知识并及时作出决策。

3. 时空数据挖掘模型算法

时空数据挖掘从模型算法构建上,经历了由传统的机器学习算法到现阶段主流的深度学习算法的发展。

(1)机器学习:机器学习算法本质上是针对多维时间序列进行建模预测,需要人工进行特征选择,通过核函数实现非线性低维时空数据到高维空间的映射。早期的机器学习算法是指靠人工干预的方式进行特征选择,由于时空数据具有高度非线性特征且情况复杂多变,机器学习模型虽具有坚实的数学理论基础,但是预测能力不够理想。

(2)深度学习:深度学习模型处理非线性数据能力强大,可以分别从空间、时间角度分别构建卷积神经网络模型和循环神经网络模型,以及其变体学习数据中的时空依赖关系。

第二节　深度学习理论

深度学习是在机器学习基础上的进一步发展,其核心内容是构造深层次神经网络,因此模型更善于捕捉复杂时空特性,更适合处理高维数据。在时空数据挖掘问题中,大部分研究需要对深度学习的知识进行模型构建,主体框架如图2-5所示。本节将详细介绍应用于交通需求预测领域的深度学习技术,包括进行空间依赖提取的卷积神经网络、图神经网络,进行时间依赖提取的循环神经网络,以及编码器-解码器、注意力机制四个重要学习框架。

一、神经网络

神经网络是搭建所有深度学习模型的基础,神经网络由众多神经元组成,图2-6为神经元模型图。

第二章 相关概念与技术介绍

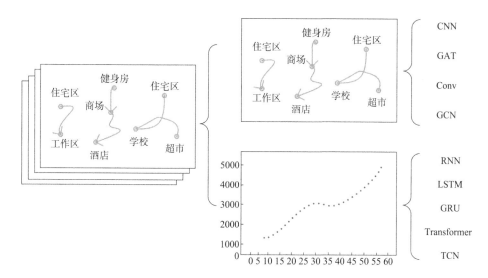

图 2-5 基于深度学习的时空数据挖掘主流算法

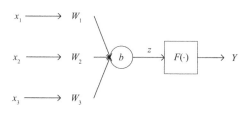

图 2-6 神经元模型

神经元结构是一个多输入单输出的计算模型,单个神经元结构计算能力有限,多个神经元模型组合形成网络层,多个网络层相互连接形成简单的多层神经网络,训练神经网络时,动态调整权值矩阵的值,在偏执因素作用下加权求和,通过激活函数后,得到最终计算结果,实现输出值向真实值的无限趋近。多层神经网络的结构如图 2-7 所示。

二、卷积神经网络

卷积神经网络作为代表性神经网络之一,是一个包含深度结构的前馈神经网络,卷积运算是其实现的基础。卷积神经网络结构区别于其他神经网络之处在于隐藏层的构造,在隐藏层完成卷积、池化及全连接三部分内容,同时引入局部共享和权值连接等策略来完成待处理矩阵和卷积核的卷积计算。卷积层中由"感受野"实现对局部区域特征的挖掘,池化层则实现特征筛选,全连接层则完成特征整合以及维度转化。卷积神经网络的内部结构如图2-8所示。

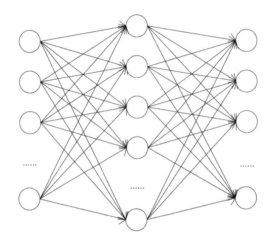

图2-7　多层神经网络图

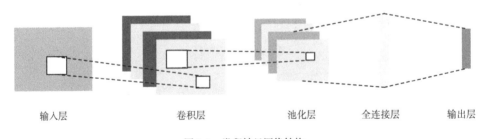

图2-8　卷积神经网络结构

1. 卷积层

卷积层本质上是输入矩阵和系统函数计算得到输出矩阵的一种复杂运算,卷积核作为系统函数完成特征提取操作,卷积层数越多对复杂特征的表达能力越强,卷积操作流程如图2-9所示。

卷积核是一个固定大小的矩阵,又称过滤器,因具有空间平移不变的特性,发挥着固定参照物的作用。在卷积操作中,卷积核由左上到右下按照一定步长逐个像素遍历整个图像,得到新的矩阵,即特征图,由非线性激活函数激活后,完成整个卷积操作。

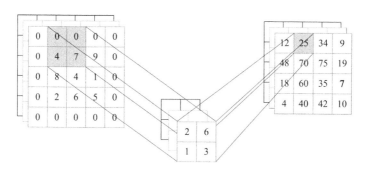

图 2-9　卷积操作

卷积神经网络的结构由多层卷积层堆叠而成,每一层卷积输出的特征矩阵都会作为下一层卷积的输入矩阵,卷积计算的公式见式(2-1)。

$$y_i^l = f\left(\sum_{j=1}^{N_i^{l-1}} \omega_j \otimes X_i^{l-1} + b_j^l\right) \quad (j=1,2,\cdots,M) \quad (2\text{-}1)$$

式中:y_i^l——图像的第 j 个特征图谱;

ω_j——卷积核,表示上层第 j 个特征图谱为当前网络的输入值;

b_j^l——偏置向量;

$f(\cdot)$——激活函数。

2. 池化层

池化层的本质是放大主要特征忽略次要特征,通过合并相似特征完成特征筛选,进一步实现特征降维。常见的池化方式有 Max-pooling、Mean-pooling 等。

卷积层越多,提取的特征数量不断增加,需进行学习的参数增多,容易出现过拟合现象,导致预测不够准确,池化层则能够在不降低准确度的情况下,减少卷积神经网络学习参数的数量,降低计算复杂度,池化操作如图 2-10 所示。

3. 全连接层

全连接层的本质是整合局部特征将二维特征图转化为一维向量,功能结构类似于全连接神经网络,实现特征分类等功能。全连接层计算后,最终的输出结果见式(2-2)。

$$Y_{w,b}(x) = f(W^T X) = f\left(\sum_{i=1}^{n} W_i x_i + b\right) \tag{2-2}$$

式中：W_i——神经元连接的权重参数；

X——输入向量；

b——偏置量；

f——激活函数。

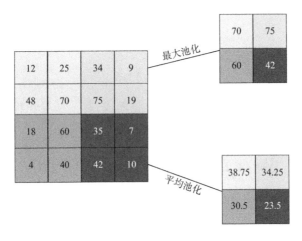

图 2-10　池化操作

三、循环神经网络

循环神经网络（RNN）本质上是通过时序关联的建立，来挖掘输入数据由于时序变化对预测结果的影响。卷积神经网络不同时刻输入的数据进行迭代计算时相互独立，后一次计算不受前一次计算结果的影响。而循环神经网络隐藏层内部的神经元链式连接，上一时刻和当前时刻输入向量的状态值共同决定下一时刻输出向量，特殊的时间环结构使其具备时序学习能力。循环神经网络结构如图 2-11 所示。

循环神经网络的输出结果计算公式见式(2-3)~式(2-5)。

$$S_t = f(U \cdot X_t + W \cdot S_{t-1}) \tag{2-3}$$

$$S_{t+1} = f[U \cdot X_t + W \cdot f(U \cdot X_{t-1} + W \cdot S_{t-1})] \tag{2-4}$$

$$O_{t+1} = g(V \cdot S_{t+1}) \tag{2-5}$$

式中： X——时刻 t 输入层数据；

S——隐藏层数据；

O——输出层数据；

U——输入层与隐藏层之间的权重矩阵；

V——隐藏层与输出层的权重；

W——隐藏层之间的权重；

$f(\cdot), g(\cdot)$——激活函数。

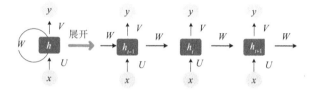

图 2-11 循环神经网络结构示意图

使用循环神经网络用于处理预测问题时,常用激活函数有 Sigmoid 函数、ReLU 函数等,计算公式见式(2-6)、式(2-7)。

$$\text{sigmoid}(x) = \frac{1}{1 + e^{-x}} \tag{2-6}$$

$$\text{ReLU} = \text{MAX}(0, x) \tag{2-7}$$

循环神经网络也采用反向传播以及梯度下降来更新权重,计算公式见式(2-8)~式(2-10)。

$$\frac{\partial f_3}{\partial V} = \frac{\partial f_3}{\partial O_3} \frac{\partial O_3}{\partial V} \tag{2-8}$$

$$\frac{\partial f_3}{\partial W} = \frac{\partial f_3}{\partial O_3} \frac{\partial O_3}{\partial S_3} \frac{\partial S_3}{\partial W} + \frac{\partial f_3}{\partial O_3} \frac{\partial O_3}{\partial S_2} \frac{\partial S_2}{\partial W} + \frac{\partial f_3}{\partial O_3} \frac{\partial O_3}{\partial S_3} \frac{\partial S_3}{\partial S_2} \frac{\partial S_2}{\partial S_1} \frac{\partial S_1}{\partial W} \tag{2-9}$$

$$\frac{\partial f_3}{\partial U} = \frac{\partial f_3}{\partial O_3} \frac{\partial O_3}{\partial S_3} \frac{\partial S_3}{\partial U} + \frac{\partial f_3}{\partial O_3} \frac{\partial O_3}{\partial S_2} \frac{\partial S_2}{\partial U} + \frac{\partial f_3}{\partial O_3} \frac{\partial O_3}{\partial S_3} \frac{\partial S_3}{\partial S_2} \frac{\partial S_2}{\partial S_1} \frac{\partial S_1}{\partial U} \tag{2-10}$$

式中,V 不受长期依赖关系影响,但 U 及 W 受长期依赖关系影响,无法处理长序列问题,且会出现梯度消失以及梯度爆炸问题,因此实际应用中,RNN 在长序列预测问题上表现不佳。

RNN 的循环操作使模型结构更加灵活,但代价是时间和内存消耗;LSTM、GRU 在 RNN 的基础上调整了隐藏层,在隐藏层添加细胞单元和门控机制,输入向量经过门控机制筛选以及简单的线性计算,输入细胞单元,历史数据与当前数据得以保存获得处理长序列信息能力;Transformer 及其变体借助多头注意力机制,解决了长序列依赖性问题,但不可避免地产生了二次计算复杂的问题;TCN 基于因果卷积和扩张卷积实现并行化,能够提取较远时刻的历史数据特征,保留长时有效记忆,但 TCN 的感受也不够大,在迁移学习方面的适应能力较弱。

四、注意力机制

注意力机制模仿人类注意力,由编码器-解码器结构发展而来。编码器-解码器主要解决输入输出序列不等长的问题,实现过程如图 2-12 所示。编码器-解码器结构通过训练一对神经网络,编码器将输入的不等长序列压缩成特征作为隐藏表示,即将一个节点编码成一组 d 维向量,节点相似度近似于余弦相似度;解码器将特征重构成目标进行输出,即根据数量输出相似度。

图 2-12 编码器-解码器

但编码器-解码器中间向量长度固定,在处理长序列时会产生梯度消失问题,在此框架中添加 Attention 成为注意力机制。

注意力机制实现过程如图 2-13 所示,通过对输入信息进行权重融合来提取关键信息。计算公式见式(2-11)。

$$\text{Attention}(\text{Query}, \text{Source}) = \sum_{i=1}^{l} \text{Similarity}(\text{Query}, \text{Key}_i) \times \text{Value}_i \quad (2\text{-}11)$$

式中: Source——key 和 value 的键值对;

$l = \| Source \|$ ——Source 的长度。

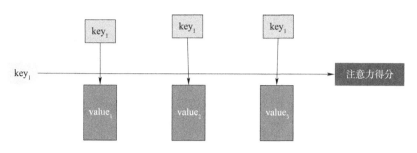

图2-13 注意力机制

多头注意力机制是注意力机制的一种拓展结构,通过进行多头拆分,捕捉输入序列在全局的依赖关系,实现过程如图2-14所示。具体实现流程为:使用可训练权重矩阵将输入查询(Q)、键(K)、值(V)数据变换维度,在各自维度上分为多部分,每部分对应一个独立学习表征空间;计算时采用并行计算的方式进行点积运算,计算公式如式(2-12)所示;求得Q、K、V的相关权重,计算公式如式(2-13)所示;拼接各个头的输出得到最终输出,见式(2-14)。

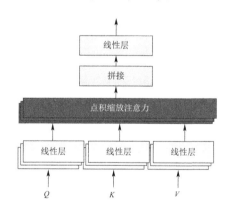

图2-14 多头注意力机制

$$\text{head}_i = \text{Attention}(QW_i^Q, KW_i^K, VW_i^V) \qquad (2\text{-}12)$$

$$\text{Attention}(Q, K, V) = \text{softmax}\left(\frac{QK^T}{\sqrt{d_k}}\right) \qquad (2\text{-}13)$$

$$\text{Multi-Head}(Q, K, V) = \text{Concat}(\text{head}_1, \text{head}_{12}, \cdots, \text{head}_n)W \qquad (2\text{-}14)$$

式中：W_i^Q, W_i^K, W_i^V —— Q、K、V 在不同子空间的映射权重矩阵；

$\sqrt{d_k}$ —— 放缩因子；

d_k —— 位置向量维度。

第三节 动态图及时空图学习

一、图论及图学习

1. 图论

图论指用抽象意义的图描述数据之间的相似性关系，从而提升模型表达能力，便于捕获更多数据背后有价值的信息。

图指由节点和边构成的拓扑结构 $G = (V, E, A)$。在图结构中，根据节点和边的特征及关系，将图进行不同的分类，见表2-1。

图结构分类　　　　　　　　　　　　　表2-1

分类标准	图定义
图结构是否变化	静态图 & 动态图
边是否具有包含权重	有权图 & 无权图
边是否有方向	有向图 & 无向图
是否存在重复边、顶点是都存在到自身的边	简单图 & 多重图
节点和边的种类是否唯一	同构图 & 异构图

图结构中，用邻接矩阵 A、度矩阵 D 和拉普拉斯矩阵 L 表示图结构的拓扑关系，如图2-15所示。

节点间的连接关系用邻接矩阵 $A \in R^{m \times m}$ 表示，若有连接则元素值为权重 ω，若无连接元素值为0。表达式见式(2-15)。

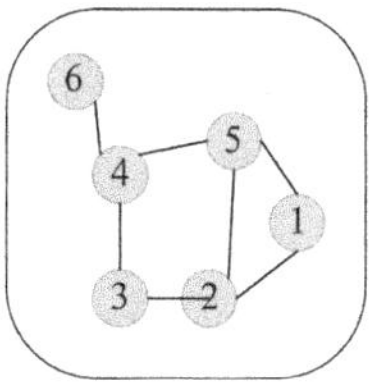

$$A = \begin{pmatrix} 0 & 1 & 0 & 0 & 1 & 0 \\ 1 & 0 & 1 & 0 & 1 & 0 \\ 0 & 1 & 0 & 1 & 0 & 0 \\ 0 & 0 & 1 & 0 & 1 & 1 \\ 1 & 1 & 0 & 1 & 0 & 0 \\ 0 & 0 & 0 & 1 & 0 & 0 \end{pmatrix} \quad D = \begin{pmatrix} 2 & 0 & 0 & 0 & 0 & 0 \\ 0 & 3 & 0 & 0 & 0 & 0 \\ 0 & 0 & 2 & 0 & 0 & 0 \\ 0 & 0 & 0 & 3 & 0 & 0 \\ 0 & 0 & 0 & 0 & 3 & 0 \\ 0 & 0 & 0 & 0 & 0 & 1 \end{pmatrix} \quad L = \begin{pmatrix} 2 & -1 & 0 & 0 & -1 & 0 \\ -1 & 3 & -1 & 0 & -1 & 0 \\ 0 & -1 & 2 & -1 & 0 & 0 \\ 0 & 0 & -1 & 3 & -1 & -1 \\ -1 & -1 & 0 & -1 & 3 & 0 \\ 0 & 0 & 0 & -1 & 0 & 1 \end{pmatrix}$$

图数据　　　　　　邻接矩阵　　　　　　度矩阵　　　　　　拉普拉斯矩阵

图 2-15　图结构与矩阵表示

$$A_{i,j} = \begin{cases} \omega_{i,j} & \text{如果}(i,j) \in E \\ 0 & \text{其他} \end{cases} \tag{2-15}$$

节点的邻居数用度矩阵 $D \in R^{n \times n}$ 表示,度矩阵为对角阵,$D_{i,i}$ 为主对角线位置元素,表示相关联边的个数,即节点 V_i 的度,度矩阵表达式见式(2-16)。

$$D_{i,i} = \sum_{j=1}^{n} A_{ij} \tag{2-16}$$

中心节点与邻居节点间的信号差异用拉普拉斯矩阵 L 表示,见式(2-17);实际应用中,多用对称归一化的拉普拉斯矩阵 $\tilde{L}$ 表示,如式(2-18)所示。

$$L = D - A \tag{2-17}$$

$$\tilde{L} = \tilde{D}^{-\frac{1}{2}} \tilde{L} \tilde{D}^{-\frac{1}{2}} \tag{2-18}$$

在时空数据研究中,选择静态图和动态图是首要问题。静态时空图与动态时空图结构如图 2-16 所示。静态图用单个向量表示图中的每个节点,结构化特征固定不随模型训练发生改变。静态图能够在低维空间保持高维空间数据的局部结构,且能够避免中心初始化问题,计算量小,广泛应用于属性选择、分类、聚类等任务。常见静态图的创建方法有全连接图、k 近邻图以及近邻图三种。

2. 动态图学习

动态图指结构化特征不固定、节点和边随时间变化而删除或增加的图结构。动态图能够避免冗余和噪声影响,根据时间粒度不同,分为离散时间动态图建模和连续时间动态图建模两种。

(1)离散时间动态图(DTDG):根据固定时间窗口对动态图进行划分,采集快照网络图(Snap Shots),见式(2-19)。其中 $G^t = (V^t, E^t)$ 为时间步 t 下动态图中的一个快照网络,变化的时间跨度称为时间步长,又称时间窗口,根据实际应用场景进行调整。DTDG 侧重于在较大的时间尺度下对网络进行分析,研究网络不同时间段间的变化趋势。

$$G = G^1, G^2, G^3, \cdots, G^t \qquad (2\text{-}19)$$

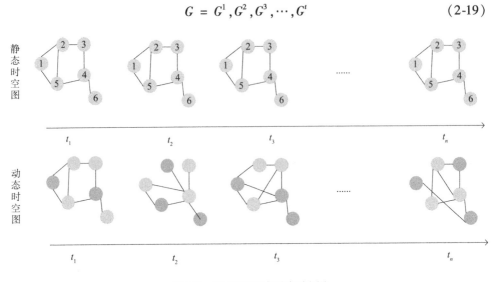

图 2-16　静态时空图与动态时空图

(2)连续时间动态图(CTDG):根据时间事件演变顺序更新边、节点以及节点特征的表现形式,形成连续时间形式描述动态图,可以理解为一个事件更新流。连续时间动态图表示见式(2-20),其中 T 为时间戳的一种映射 $T:V,E \rightarrow R^+$,连续时间侧重于分析随时间变化的连续事件,从更细粒度的角度描述动态网络的网络变化,可以解决 DTDG 模型由于时间步长选择而出现的特征丢失问题。

$$G = (V, E, T) \qquad (2\text{-}20)$$

3. 异构图学习

异构图指节点和边特征多样的图结构,针对异构图的处理方式主要分为节点级别注意力聚合和语义级别聚合两种。

(1)节点级别注意力聚合计算公式见式(2-21),首先计算节点 i 和节点 j 的注意力系数,进行归一化操作后与周围邻居节点进行归一化操作,经过激活函数后得到节点对应特征表示,所有节点依次进行同样操作后得到每个节点的对应特征。

(2)语义级别聚合计算公式见式(2-22),从元路径出发,首先选择一种元路径下的全部节点,经过全连接层、激活函数后与可学习参数进行点乘,得到该节点在该元路径下的对应标量,所有节点完成上述操作后,加权求和并算出在节点数量的比例,作为该元路径下的对应系数,最后经过激活函数及归一化得到节点嵌入。

$$\varepsilon_v = \sum_{f_i \in F(v)} \alpha^{v,i} f_i \qquad (2\text{-}21)$$

式中:ε_v——新节点嵌入;

$\alpha^{v,i}$——节点与中心节点间的重要度稀疏;

f_i——某标签下的节点嵌入。

二、时空图表示学习

图表示学习又称图嵌入,是自动学习图特征的一种方法,通过映射将非欧数据嵌入低维空间中获得数据的低维向量表示,非欧式空间中的一个点即一个 d 维向量,嵌入 d 维空间中后,与原图中相似点嵌入后的点依旧相近,所以用节点嵌入后的相似度替代原图中的相似度。图表示学习方法包括基于矩阵分解和随机游走的对图进行浅编码的方法,以及基于深度学习的方法,实现流程如图2-17所示。

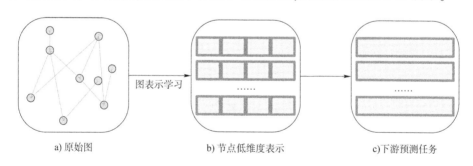

a) 原始图　　　　b) 节点低维度表示　　　　c) 下游预测任务

图 2-17　图表示学习

图表示学习表达式见式(2-22),其中 H 为映射后节点特征矩阵,N 为节点数量,D 为节点初始特征的空间维度,d 为节点需映射成低维特征的空间维度。

$$G(V,E) \in R^{N \times D} \rightarrow H \in R^{N \times d} \qquad (2\text{-}22)$$

1. 基于矩阵分解的图表示学习

基于矩阵分解的图表示学习方法是最早期完成图表示学习的方法,首先找到图结构信息的近似矩阵,再通过矩阵分解将结构信息矩阵分解为低维矩阵。基于矩阵分解的算法面对大规模网络时,二次时间复杂度通常大于定点数量,可拓展性不强,常用于小规模网络分析。

2. 基于随机游走的图表示学习

基于随机游走的图表示学习方法,通过随机游走进行节点采样获得目标节点的邻近信息,进而得到全局结构信息。具体实现过程为:给定起始节点,随机挑选其邻居节点,随机游走移动邻居节点获得节点序列,形成一条贯穿网络的路径节点序列,随后进行特征学习,将结构及拓扑信息保存在低维潜在向量中。常用方法包括元路径随机游走、DeepWalk 方法、node2vec 方法等。

(1)元路径随机游走:异质信息网络图中,节点包含不同信息标签,元路径随机游走策略通过定义游走类型路径,首先将节点映射到相同特征空间,按照定义路径,将节点信息与 Attention 机制结合,保证下一个节点的采样符合要求的节点类型。

(2)DeepWalk 方法:首先选取目标节点 V_i,确定随机游走长度及次数,得到节点采样序列 $S=\{S_1,S_2,S_3,\cdots,S_j\}$,设置长度为 t 的采样窗口,得到节点 V_i 的上下文序列 $\{V_{i-t},\cdots,V_{i-1},\cdots,V_{i+t}\}$,用优化问题转化节点与上下文节点特征相似,如式(2-23)所示,当节点相互独立时,可化简为式(2-24)。

$$\min_f -\log \Pr\{V_{i-t},\cdots,V_{i+t}\} \mid f(V_i) \quad (2\text{-}23)$$

$$\min_f -\log \prod_{j=i-t,j\neq i}^{i+t} \Pr[V_i \mid f(V_i)] \quad (2\text{-}24)$$

式中:Pr(·)——概率;

$f(·)$——映射函数。但 DeepWalk 方法属于完全随机游走,仅能反映相邻节点的社群相似信息,无法反映节点的功能相似信息。

(3)Node2vec 方法:Node2vec 方法相较于 DeepWalk 方法增加两个超参数 p、q 控制游走策略,游走概率见式(2-25),在游走中保留初始路径,并根据 $d_{i,j}$ 判断下一步的转移情况,$1/p$ 的概率返回上一节点,$1/q$ 的概率远行,1 的概率徘徊在当前节点。

$$P(V_j \mid V_i) = \begin{cases} \dfrac{d_{i,j}}{Z} & 如果(i,j) \in E \\ 0 & 其他 \end{cases} \quad (2\text{-}25)$$

式中：Z——正则化常数；

$d_{i,j}$——转移情况。

调整 p、q 的大小实现不同方式的图嵌入，p 小 q 大时为 DFS(深度优先搜索)策略，常用于同质社群；执行深度优先；q 小 p 大时为 BFS(广度优先搜索)策略，执行探索近邻，常用于探索近邻。

3. 基于深度学习的图表示学习

基于深度学习的图表示学习方法是进行整图嵌入，遵循邻域聚合过程。常用方法包括 GCN、Graph SAGE、GAT 等。

(1) 图卷积神经网络(GCN)：图卷积是将图结构进行卷积运算，时空预测领域主要利用在数据点上进行卷积的空域卷积，结构如图 2-18 所示。首先，构建邻域，找到固定数量的邻居节点并进行排序；随后，对邻域的点与卷积核参数内积，根据相似度矩阵以及度矩阵定义游走概率，计算公式见式(2-26)；最后，转移矩阵由归一化邻接矩阵实现。

$$P = D^{-1}S \quad (2\text{-}26)$$

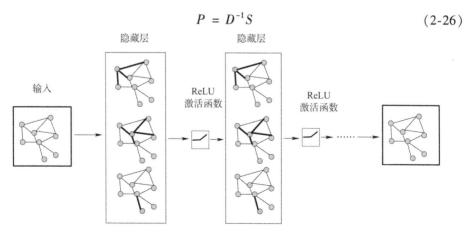

图 2-18　图卷积

（2）图样本和聚合：图样本和聚合核心是采样和特征聚合，结构如图2-19所示。但与GCN不考虑本身节点的特征不同，图样本和聚合的节点嵌入是从节点特征角度入手，根据节点邻居关系变化而变化的，每次聚合都将上一层各个节点特征在聚合的基础上再进行聚合，得到本层节点特征，计算公式见式（2-27）。

$$h_v^k = \sigma W^k [\text{AGGRECATE}(h_v^{k-1} U h_u^{k-1})] \tag{2-27}$$

式中：$W^{(k)}$——权重矩阵；

U——中心节点的邻居采样节点；

h_v^k——节点 v 在第 k 层的特征表示，AGGRECATE( )为聚合函数。

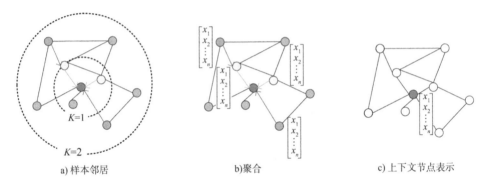

a) 样本邻居　　　　　　b) 聚合　　　　　　c) 上下文节点表示

图2-19　图样本和聚合

（3）图注意力网络：图注意力网络借助自注意力机制决定节点重要性，结构如图2-20所示。更新节点特征向量时，计算出相邻节点对当前节点的注意力系数，加权平均后得到当前节点的特征表示。

图注意力网络的实现需要先求注意力值，如式（2-28）所示；再求出注意力分数，见式（2-29）；最后求节点更新后的特征表示，见式（2-30）。

$$e_{ij} = \text{LeakyReLU}[\vec{a}^T(W\vec{h_i} \parallel W\vec{h_j})] \tag{2-28}$$

$$a_{ij} = \frac{\exp\{\text{LeakyReLU}[\vec{a}^T(W\vec{h_i} \parallel W\vec{h_j})]\}}{\sum_{k \in N(i)} \exp\{\text{LeakyReLU}[\vec{a}^T(W\vec{h_i} \parallel W\vec{h_j})]\}} \tag{2-29}$$

$$h_i^{l+1} = \parallel_{K=1}^{K} \sigma\left(\sum_{j \in N(i)} \alpha_{ij}^K W^K h_j^k\right) \tag{2-30}$$

式中：　　e_{ij}——节点 i 和节点 j 的注意力值；

a_{ij}——节点 i 和节点 j 的注意分数；

LeakyReLU(·)——激活函数；

exp(·)——e 的指数；

$\vec{a}^T$ 和 W——可学习参数的转置；

h_i——节点 i 的特征向量；

h_i^{l+1}——更新后节点 v 特征向量。

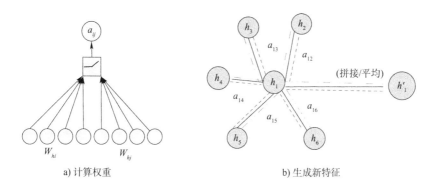

a) 计算权重　　　　　　　　　b) 生成新特征

图 2-20　图注意力网络

第四节　本章小结

本章主要对本书研究的相关理论基础进行介绍。首先,梳理了时空数据挖掘的概念、特点、流程以及基本方法；随后,针对进行时空数据挖掘建模所使用的深度学习相关算法进行介绍,阐述了卷积神经网络、循环神经网络、注意力机制等技术的概念、结构以及实现方法；最后,介绍了图论、动态图学习以及包括矩阵分解、随机游走、图神经网络的图表示学习方法。

第三章 问题定义及数据重构

本章主要介绍本书所研究的 OD 需求预测问题。首先,对 OD 矩阵预测研究中所涉及的相关概念进行描述,包括 OD 矩阵、OD 图等概念的定义、表示方法以及构造思路;随后,介绍本书所使用的实验数据集,详细解释研究数据重构过程及处理重点;最后,对实验数据从时间、空间进行特征分析。

第一节 问题定义

一、OD 矩阵

OD 矩阵将乘客上车点作为出行起点(O 点),乘客下车点作为出行目的地讫点(D 点)。OD 矩阵又称 OD 交通量,用于描述交通网络中出行交换量。OD 矩阵能够反映基本交通需求,是城市交通调度和交通线网优化的基础数据。

构造 OD 矩阵时,首先根据数据订单选取合适时间窗口并且将研究区域进行划分,为每一个研究区域赋予一个位置坐标编码;随后将每条需求数据产生时间以及起点讫点位置编码判断,判断起讫点所在位置的坐标编码;对流入流出数据进行累加,完整遍历数据集,完成集计,OD 矩阵数据生成完毕。

如图 3-1 所示,OD 矩阵中的行表示初始节点到其他节点的流出流量,列表示由其他节点到目标节点的流入流量。此类 OD 矩阵的定义方法适用于静态 OD 图以及离散时间动态 OD 图。

第三章 问题定义及数据重构

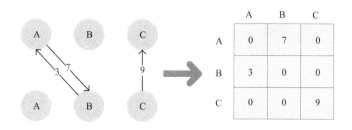

图3-1 OD矩阵示例图

OD矩阵以起点、讫点所在交通节点编号组成数组作为OD矩阵,表示为$M_{N\times N}^{t}$,公式见式(3-1)。

$$M_{N\times N}^{t} = \begin{bmatrix} m_{11}^{t} & \cdots & m_{n1}^{t} \\ \cdots & m_{ij}^{t} & \cdots \\ m_{n1}^{t} & \cdots & m_{nn}^{t} \end{bmatrix} \tag{3-1}$$

式中:m_{ij}^{t}——t时间段内起点所在区域i到讫点所在区域j的出行总需求数。

二、OD图

1. OD图

针对OD矩阵构建加权有向OD图,表示为$G = (V, E, X^v, X^e)$。$e_{(i,j)}$表示区域(i,j)的OD对,任意一个节点V_i都包含作为出行起始点和目的地两种属性,故边$e_{(i,j)} \neq e_{(j,i)}$。其中X^v为节点V_i的属性向量,X^e为边$e_{(i,j)}$的属性向量。

2. 动态OD图

动态OD图定义为由τ个按上车时间排序的OD图序列,本书中用$\Omega^t = \{G^{(t_1)}, G^{(t_2)}, \cdots, G^{(t_n)}\}$表示动态OD图序列,$G^t = (V^t, E^t, X_v^t, X_e^t)$为$t$时刻对应的OD图。在动态OD图中,不同时间窗口下,节点和边的拓扑结构以及属性特征会随时间动态变化。

三、出租汽车OD需求预测

基于上文OD矩阵和OD图的定义,本书对所研究的出租汽车OD需求预测问题给出以下定义:给定历史 t 个时间戳的所有的需求,预测未来 τ 个时段的 OD 矩阵,即未来 τ 个时段所有起讫点需求量 $X^{t+\tau}$;预测值表示为 $\hat{Y}^{t:t+\tau}=f(G_t,F,W)$,$W$ 是可学习参数的集合。

第二节 数据来源

本书实验中选取国内外两个大体量真实的出租汽车出行需求数据集进行验证,分别为纽约数据集和海口数据集。本书研究中假定订单数据与实际需求数据相等,故使用出租汽车订单数据替代 OD 需求数据。

一、纽约出租汽车数据

纽约数据集选用 TLC(纽约出租汽车和轿车委员会)提供的开源出租汽车数据,包含绿色出租汽车以及黄色出租汽车两种。

数据的时间跨度范围为 2023 年 3 月 1 日至 3 月 31 日,共 31 天。其中,黄色出租汽车订单为 3627882 条,绿色出租汽车订单为 72044 条,平均每天订单为 119353 条,原始订单数据包含上车时间、下车时间及行程距离等 18 个类别信息,样例数据见表 3-1,数据预处理后的数据格式如表 3-2 所示。对于上下车区域编号,TCL 按照不规则区域划分方式将纽约市划分为 263 个区域,同时提供 263 个区域的分布情况。

纽约出租汽车原始数据字段说明　　　　表 3-1

字段	示例	注释
tpep_pickup_datetime	2023-03-01 00:21:13	乘客上车时间
tpep_dropoff_datetime	2023-03-01 00:58:33	乘客下车时间
passenger_count	1.0	乘客人数
trip_distance	10.30	行程距离
RatecodeID	1.0	ID 编号

续上表

字段	示例	注释
store_and_fwd_flag	N	数据记录发送类别(直接发送/存储发送)
PULocationID	163	上车区域编号
DOLocationID	62	下车区域编号
payment_type	1	支付方式
fare_amount	0.0	计价车费
extra	3.0	小费
mta_tax	0.5	税费
tip_amount	7.45	行程数量
tolls_amount	0.0	通行费金额
improvement_surcharge	0.3	改善后的附加费
total_amount	44.75	乘客需要支付的费用总额
congestion_surcharge	2.5	堵车附加费
airport_fee	0.0	机场费用

清洗后的纽约出租汽车数据字段说明 表3-2

字段	类型	示例
订单ID	String	134
开始计费时间	Int	2023-03-01 00:21:13
结束计费时间	Int	2023-03-01 00:58:33
上车位置编号	Int	163
下车位置编号	Int	62

  本书研究以TCL所划分的交通小区为基本单位,对各月订单地图匹配后进行可视化分析。

  结合上车点下车点分布,可直观得出曼哈顿区为纽约出租汽车自由载客最密集区域,曼哈顿区作为纽约经济文化中心,人口稠密,具有一定代表性,故选取曼哈顿区作为研究对象。

本书纽约出租汽车数据集中,每个不规则交通小区的编号作为一个交通节点,不同交通区域之间的交通需求作为边,静态结构信息计算出交通小区之间质心距离,计算方法如下:

(1)使用开源地理信息系统(QGIS)进行研究区域重心经纬度坐标计算。

(2)使用 OpenStreetMap 获取纽约曼哈顿地区路网结构数据,并与研究区域进行地图匹配;

(3)将区域重心映射到路网中,计算区域间质心距离,计算公式见式(3-2)。

$$\text{Dist}_{(i,j)} = 2R \cdot \arcsin\left[\sqrt{\sin^2\left(\frac{\text{lat}_i - \text{lat}_j}{2}\right) + \cos(\text{lat}_i)\cos(\text{lat}_j)\sin^2\left(\frac{\text{lng}_i - \text{lng}_j}{2}\right)}\right]$$

(3-2)

式中: $\text{Dist}_{(i,j)}$ ——计算交通小区 i、j 之间距离;

R ——地球半径;

lng_i,lng_j,lat_i,lat_j ——交通小区 i、j 的经纬度。

二、海口出租汽车数据

海口出租汽车数据来自"盖亚"数据开放计划,是由滴滴出行发布的网约车数据集。数据时间跨度为 2017 年 5 月 1 日—2017 年 10 月 31 日,共计 1200 万条订单数据。海口出租汽车原始数据集包含起点经纬度、终点经纬度及出发时间等 19 项信息,样例数据见表 3-3。

海口出租汽车原始数据字段说明　　　　　　表 3-3

字段	示例	说明
Order_id	17592880232674	订单编号
Product_id	1	网约车类型(1 滴滴专车,2 滴滴企业快车,3 滴滴快车)
City_id	83	城市编号
Cistrict	12	城市区号
Country	12	二级区县

第三章 问题定义及数据重构

续上表

字段	示例	说明
type	0	订单时效(0 实时,1 预约)
Combo_type	4	订单类型(1 包车,4 拼车)
Traffic_type	4	交通类型(1 企业时租,2 企业接机套餐,3 企业送机套餐,4 拼车,5 接机,6 送机,302 跨城拼车)
Passenger_count	1	乘车人数(拼车:乘客选择的乘车人数)
Driver_product_id	1	驾驶员所属产品线
Start_dest_distance	5674	起讫点距离
Departure_time	2017-07-01 13:00:03	出发时间
Arrive_time	2017-07-01 13:05:28	到达时间
Normal_time	22	时长
Product_1level	3	一级业务线(1 专车,3 快车,9 豪华车)
Dest_lng	110.3255	起点经度
Dest_lat	20.0286	起点纬度
Starting_lng	110.3512	终点经度
Starting_lat	20.0305	终点纬度

针对各月份订单进行地图匹配后,可得出 80% 以上的上车点、下车点分布在北纬 19.93103°~20.10257°,东经 110.17293°~110.50565°区域间,此区域是海口市主城区,包括市政府、滨海大道、东站等标志性地点,出行具有一定代表性,故本书选取此范围作为研究区域。海口原始数据集时间为 UTC(协调世界时),需转换为北京时间(GMT+8 时区),计算公式见式(3-3)。

$$T = \frac{U + 8 \times 3600}{86400} + 70 \times 365 + 19 \quad (3-3)$$

海口原始数据集并未进行区域划分,本书选择基于网格划分的方法划分海口市目标区域,将目标区域划分为 8×4 个大小相同的网格,自左至右自下至上为网格编号。转化后的海口出租汽车数据包含信息见表3-4。

清洗转换后海口出租汽车数据字段说明　　　表3-4

字段	类型	示例
订单 ID	String	1
出发时间	Int	2017-07-01 13:00:03
到达时间	Int	2017-07-01 13:05:28
上车区域	Int	1
下车区域	Int	1

第三节　数据预处理

一、数据清洗

在进行本书 OD 需求预测前,需要将实验原始数据集进行预处理并完成数据重构,以满足模型输入数据要求。数据清洗部分主要有处理数据重复值、处理数据缺失值、处理异常数据以及数据标准化处理四部分工作。本节数据清洗过程由 Python 实现,下文详细说明数据预处理的过程。

针对数据进行分析,原始数据集中包含 2023 年 3 月纽约出租汽车订单数据 3699926 条,筛选研究区域在曼哈顿区的数据共 3036470 条,上、下车在曼哈顿区的数据占纽约总体数据集的 83.69%,选取曼哈顿区为研究区域。

1. 处理缺失值

本书研究中所使用的纽约数据集中,核心信息字段为"上下车时间""上下车区域",而"行程距离""行程时间"以及"行程费用"等相关信息在本书研究中占据次要地位,为非核心字段。纽约数据集中的缺失值主要分为两种:一种为数据中含有上下车时间、区域编号等核心信息存在,但是费用、乘客人数等非核心信息缺失的随机缺失;另一种为上下车时间、上下车区域编号等核心信息缺失,无法根据其他变量进行计算填补的完全随机丢失。

经过筛选,含有核心字段缺失值的订单共有 86914 条,数据缺失率为 2.86%,针对核心字段缺失数据采取拉格朗日插值法进行补全,公式见式(3-4);非核心字段缺失数据对实验不产生影响,本书采用不处理的方法。

$$P_n(x) = \sum_{i=1}^{n} y_i \left(\prod_{\substack{j \neq i \\ j \neq i}}^{1 \leq j \leq n} \frac{x - x_j}{x_i - x_j} \right) \quad (3-4)$$

式中:y_i——缺失值之外的值;

x——缺失值对应的自变量;

x_i 和 x_j——不相等的自变量。

2. 处理重复值

数据在存储、上传时,可能出现多次记录同一个订单的问题,产生部分冗余的重复值。本书研究中,筛选核心字段完全相同的重复数据,若核心字段完全相同且费用总计也完全相同则视为重复数据,对于核心字段相同但是费用等非核心字段不相同则视为非同一订单进行保留操作。

本书筛选重复订单数据共 62 条,占比不足 0.01%,直接做删除处理。

3. 处理异常值

与缺失值和重复值相比,异常值包含范围较广,在数据中占比较大,是数据清洗中的重点部分。异常值又称离群点,在处理中使用的方法有删除法、修正法和不进行处理三种方法。

本书研究中所面临的异常值主要如下:①乘客上下车时间异常,乘客上下车时间异常包括时间超过研究时间区间以及下车时间早于上车时间两种;②乘客上下车区域异常,乘客上下车区域不在研究区域编号范围内的异常值;③乘客人数异常,乘客人数为 0 证明该订单为空载,不具有研究价值,乘客人数超过纽约出租汽车最大载客容量 6 人,也不具有研究价值;④订单行程距离小于 0。

异常值处理前有效订单总计 2949556 条,订单行程时间超过 180min 的异常数据共 2913 条,订单超时异常率为 0.01%;订单上下车时间不在 2023 年 3 月 1 日 00:00—2023 年 4 月 1 日 00:00 之间的订单 59 条,异常率不足 0.01%;由于初始时已进行研究区域划定,故此阶段不存在上下车区域异常值;乘客人数异常订单 6994 条,异常率 2.50%。由于异常数据占总体数据量的比例低于 3%,对实验产生影响较小,故直接采取删除操作。数据清洗结束,纽约曼哈顿地区 2023 年 3 月有效订单数据 2919272 条,数据缺失率总计 3.85%,数据完整性较高。

二、数据集成

数据集成又称数据整合,在实际数据预处理中,数据来源途径不同,数据格式、特点、质量千差万别,故需要进行合并处理并一致存储。本书中,数据整合部分主要将完成清洗的出租汽车订单数据及 POI(兴趣点)数据进行整合汇总。

三、数据转换

数据转换又称数据变换,通常是数据预处理的最后一个步骤,由于清洗后的数据中某些特征可能存在个别极大极小的特殊值,通过映射操作进行规范化处理,避免因为原始数据中某些特征内较高的数值,清除变异量纲和变异范围产生过大的影响,可以有效减少计算时间长、收敛速度慢等负面影响。

本书所研究的问题为回归问题,使用的纽约、海口数据集非高斯分布,各条目最大最小值已知,选择 Min-Max 规范化方法进行规范化处理,将 OD 需求数据标准化为 [0,1] 区间值。计算公式见式(3-5)。

$$x = \frac{n - n_{min}}{n_{max} - n_{min}} \tag{3-5}$$

式中:x——规范化后的结果;

n——样本数据输入值;

n_{min}——样本数据的最小值;

n_{max}——样本数据的最大值。

第四节 出行需求数据特性分析

由于乘客出行目的不同,不同时间段内不同区域的出行需求具有一定差异,并在时间以及空间上表现出一定周期性和规律性。为进一步了解出行需求数据的时空分布规律,本节针对清洗后的 OD 需求数据进行时空特性分析。皮尔逊相关系数为最常用的相关性分析方法,出租汽车 OD 需求主要关注不同区域之间的需求量随空间、时间等变量的变化情况,故本书借助皮尔逊相关系数计算时空不同特性的相关性强弱,皮尔逊相关系数计算公式见式(3-6)。

$$p = \frac{\sum_{i=1}^{n}(x_i - \bar{x})(y_i - \bar{y})}{\sqrt{\sum_{i=1}^{n}(x_i - \bar{x})^2 (y_i - \bar{y})^2}} \quad (3-6)$$

式中:n——样本总量;

x_i、y_j——x、y 的第 i 个样本;

$\bar{x}$、$\bar{y}$——分别为的样本期望,p 的取值范围与变量之间的相互关联程度见表3-5。

相关系数与相关程度对应关系表 表3-5

p 的取值范围	相关程度
-1	完全负相关
0	无线性相关
1	完全正相关
$0 < p \leq 0.2$	极弱相关
$0.2 < p \leq 0.4$	弱相关
$0.4 < p \leq 0.6$	中度相关
$0.6 < p < 0.8$	强相关
$0.8 < p < 1$	极强相关

一、出行需求时间分布特征

出行需求在时间上表现出短期和长期两种相关性。短期相关性表现为某一时刻的 OD 需求受到短时期内历史需求的影响,即临近时段属性;长期相关性表现为周周期性、日周期性以及工作日非工作日特性。

1. 临近时段相关性

对出行需求的临近时段相关性进行分析:以工作日一天内 14 时—20 时订单数均值,进行不同时段订单需求数据间的相关性系数计算,图 3-2 为其可视化相关性热力图。

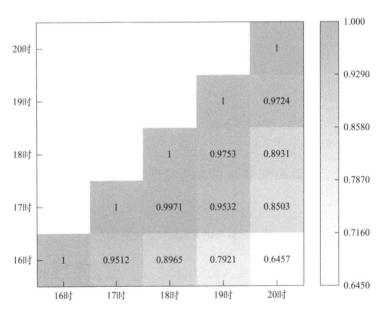

图 3-2 临近时段相关性热力图

热力图可直观看出临近时段之间的相关性系数均大于 0.6,呈现出强相关性,此外,观测每两个临近时段的相关性系数为 0.8 以上,呈现极强相关性,由此可以说明时间段越临近,相关性程度越高。

2. 周期属性

(1)对出行需求的周周期属性进行分析:验证出行需求在每周同一时刻的相

关性。以连续四周同一星期属性同一时间段(2023年3月2日、9日、16日、23日17时)的OD订单数据,进行同一星期属性同一时间段订单需求数据间的相关性系数计算,图3-3为其可视化相关性热力图。热力图可直观看出相同周周期属性之间的相关性系数均大于0.6,呈现出较强相关性。

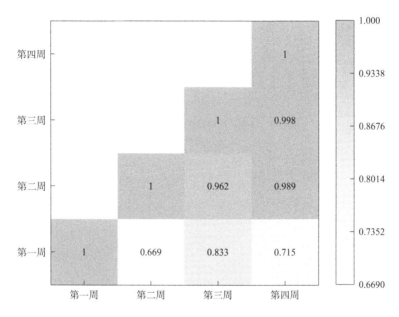

图3-3 相同周周期属性相关性热力图

图3-4展示了OD需求的周周期属性,即相同周周期属性的出租汽车需求时间分布特征相同。数据选取3月6日—3月12日及3月13日—3月19日前后两周的出行需求变化情况。图中曲线可看出前后两周的需求变化趋势基本吻合,进一步验证了相同周周期属性的出租汽车需求具有相同规律。

(2)对出行需求的周周期特性进行分析:验证不同周周期属性的相关性。以一周内不同星期属性(周一至周日)的OD订单数据,进行数据间的相关性系数计算,图3-5为其可视化相关性热力图。热力图结果与我们预想工作日相关性较强有略微出入,可直观看出周日至周四之间相关性较强,而周五周六相关性较弱。针对这一现象分析得出,周五晚是休息日的开始,出行需求较其他工作日有很大差别,而周日临近下一个工作日,出行需求又趋于工作日的模式化。

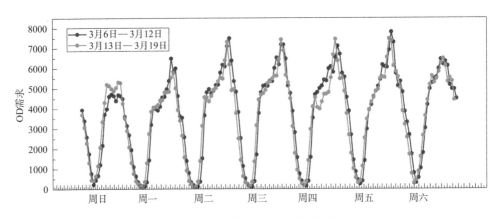

图 3-4　不同周周期属性 OD 需求量变化图

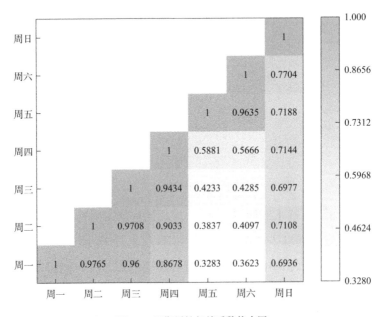

图 3-5　星期属性相关系数热力图

图 3-6 展示了出行需求在工作日与非工作日的时段差异。根据图 3-7 的星期属性相关性结论,本书工作日数据选取周一至周四的均值,额外将周五的需求数据单独进行对比。总体来看,工作日与非工作日出行需求模式差异较为明显,工作日(周一至周五)出租汽车需求量在不同时间段表现出较大的波动,并呈现出三次明显的峰值,其中 18 时晚高峰需求量最高,周五的晚高峰明显高于周一至周四,晚高

峰延续时间也较长;非工作日需求量呈现出全天增长的趋势,无明显早高峰,上午订单需求集中时间段较工作日有明显延迟,周日需求量明显低于周六需求量,且晚高峰需求消散时间较其余时间有显著延迟。

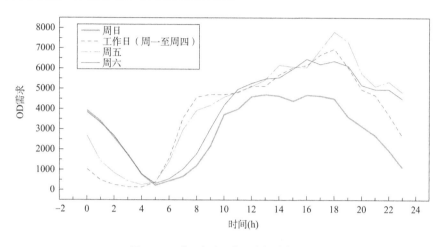

图 3-6　工作日与非工作日出行需求差异

(3)对出行需求的日周期属性进行分析:验证出行需求在每天不同时段的特性。一周内出租汽车订单需求量在一天内不同时段的分布情况不同,图 3-7a)为 2023 年 3 月、4 月、5 月不同时间段 OD 需求月度对比图,图 3-7b)为 2023 年 3 月、4 月、5 月不同时间段 OD 需求总量。其中,0:00—6:00 时段为午夜休息时间,其需求量最低为低谷时段;5:00—7:00 时段为上学上班时间,出行需求迅速上涨;8:00—9:00 时段需求量较高并呈现稳定,为早高峰时段;15:00 为一天中的次高峰时段,16:00—18:00 时段为放学下班时间,出行需求量出现第二次明显上涨;18:00 由于夜间娱乐活动以及加班下班时间,需求量在一天内达到最高为晚高峰;其余时间段为客流平峰时段,无显著早晚驼峰规律。一天内出现三次高峰期分别为 8 时、15 时以及 18 时,高峰时期每小时出行需求可达 6000 次以上,对比早晚高峰时段,早高峰乘车需求远低于晚高峰。

二、出行需求空间分布特征

不同交通小区之间的出行需求量存在一定的空间相关性以及差异性。本书中,空间依赖借助区域对之间的需求发生吸引关系以及交通小区的土地性质来描述。

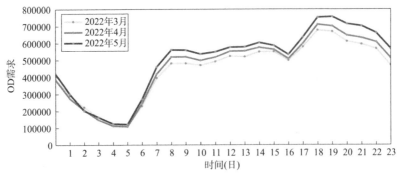

a) 不同时间段OD需求月度对比图

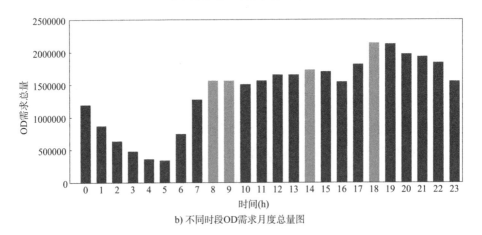

b) 不同时段OD需求月度总量图

图 3-7　不同时段 OD 需求量分布图

(1)分析不同区域对之间的需求发生吸引性关系,图 3-8 为其可视化相关性热力图。图中可以直观看出,区域之间相关性主要可分为强相关、中度相关以及弱相关三种。区域对之间的出行需求与地理距离相关性并不显著,原因可能在于区域并不是按照栅格划分,导致距离对出行需求的影响性不大。

(2)针对环境语义相关性关系进行分析。本书使用 POI 数据进行不同区域城市功能的表征,原始数据来自 OpenStreetMap,原始数据如表 3-6 所示,包含经纬度信息、POI 名称、OMS 编号等。首先将原始 POI 数据按照经纬度信息进行地图匹配,嵌入行政区网格;随后针对原始数据的 POI 功能对原始数据进行重分类,将环境语义类别定义为一级分类,结合主要土地税块信息,将原始 POI 特性定义为二级分类,见表 3-7。

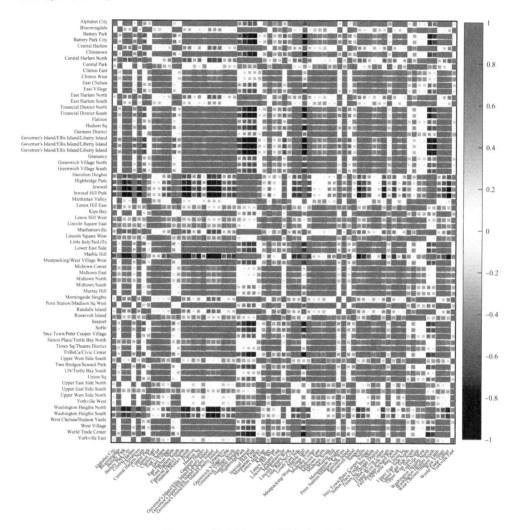

图 3-8 区域对之间 OD 需求相关性热力图

表 3-8 展示了出行需求与交通小区的区域属性相关性,以 POI 作为区域属性的描述。其中,消费娱乐与出行需求的相关性系数为 0.6822,商业办公与出行需求的相关性系数为 0.6583,居民住宅与出行需求的相关性系数为 0.6321,为强相关;

基于时空图学习的出租汽车起讫点需求预测

金融银行与出行需求的相关性系数为 0.4829，教育与出行需求的相关性系数为 0.4759，公共设施与出行需求的相关性系数为 0.4488，医疗服务与出行需求的相关系数为 0.4472，文化宗教与出行需求的相关性系数为 0.3822，为中度相关。由此可得出土地利用性质影响出行需求的结论。

纽约 POI 数据字段　　　　　　　　　　　　　　　　　　　　表 3-6

字段	类型	示例
OSMid	Int64	320949338
Element_type	Str	node
Name	Str	Bus_stop
longitude	Float64	-73.953338
Latitude	Float64	40.741287

纽约 POI 重分类　　　　　　　　　　　　　　　　　　　　　表 3-7

一级分类	二级分类	类别 ID
居民住宅类	单家庭用地、多家庭用地、混合居住和商业用地、酒店等	1
商业办公类	商业和办公用地、产业园区、公司、工厂等	2
金融银行类	银行、证券公司、保险公司等	3
文化宗教类	游乐园、博物馆、教堂、剧院、天文馆等	4
消费娱乐类	购物中心、商场、电影院、酒吧、咖啡厅等	5
旅游景区类	公园、植物园、风景名胜等	6
医疗服务类	医院、急救中心、医疗保健、疾控中心等	7
教育类	图书馆、学校、培训机构等	8
公共设施类	法院、救援站点、邮局、监狱、洗车场、地铁站、物流点、市政厅	9

相关系数与相关程度对应关系表　　　　　　　　　　　　　　表 3-8

POI 类型	相关系数
消费娱乐类	0.6822
商业办公类	0.6583
居民住宅类	0.6321

第三章　问题定义及数据重构

续上表

POI 类型	相关系数
金融银行类	0.4829
教育类	0.4759
医疗服务类	0.4472
公共设施类	0.4488
文化宗教类	0.3822
旅游景区类	0.0924

图 3-9 展示了不同出行区域在不同时间下的出租汽车需求时空分布特征。

图 3-9a) 以 162 号 Midtown East 中城东区为例展示了商业办公区出行需求的时间分布特征，中城东区作为新金融区，包含多数知名银行、保险公司、律师事务所、投行、科技公司等，上班族多、客流量大，出行需求上车客流量集中于 14:20 及 17:30—19:00，下车客流量集中于 7:30—9:00。

图 3-9b) 以 232 号 TriBeCa/Civic Center 为例展示了居民住宅区出行需求的时间分布特征，TriBeCa/Civic Center 是多数华尔街上班族的住宅区，出行需求上车客流集中于 6:30—8:00，下车客流集中于 18:30—22:00。

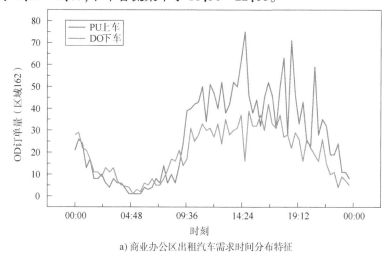

a) 商业办公区出租汽车需求时间分布特征

图 3-9

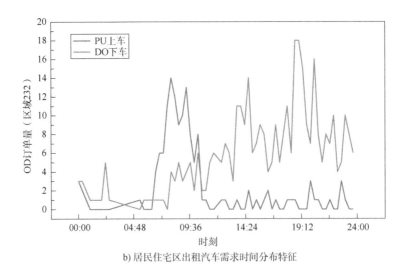

b) 居民住宅区出租汽车需求时间分布特征

图 3-9 空间区域与出租汽车需求时间分布特征

第五节 本 章 小 结

本章从理论角度对 OD 矩阵、OD 图以及 OD 预测问题进行界定,介绍了纽约及海口两大出租汽车订单数据集,详细说明了包含数据清洗、数据集成、数据转换的数据预处理过程,随后从时间、空间两个维度进行数据的特征分析,为后续 OD 需求预测提供了数据基础。

第四章 基于 MDGAT 的出租汽车 OD 时空特征挖掘预测模型

本章搭建多头动态图注意力网络(MDGAT)模型。首先概述 MDGAT 模型的总体结构,随后详细叙述 MDGAT 模型的设计思路和实现流程。分别介绍动态图生成单元以及时空关系学习单元。在每小节先阐述设计思路,再说明相关算法原理,并用数学公式说明学习过程。最后使用纽约、海口两大真实出租汽车出行订单数据集评估所构建的模型。

第一节 模型总体框架

MDGAT 模型总体结构如图 4-1 所示,包括动态时空图生成模块、时空关系学习模块两部分。

首先在动态时空图生成模块,通过对输入序列进行时间空间信息嵌入,时间上使用位置编码,空间结合 OD 流动态交互强度以及静态环境语义进行节点与边的表征,最后通过一层图卷积完成动态图嵌入,实现动态时空 OD 图构建;其次,在时空关系学习模块,使用图卷积挖掘 OD 需求之间的空间依赖关系,同时借助多头趋势自注意力机制学习时间特征,经过全连接和层归一化操作,提升模型训练速度及稳定性,进行预测输出。

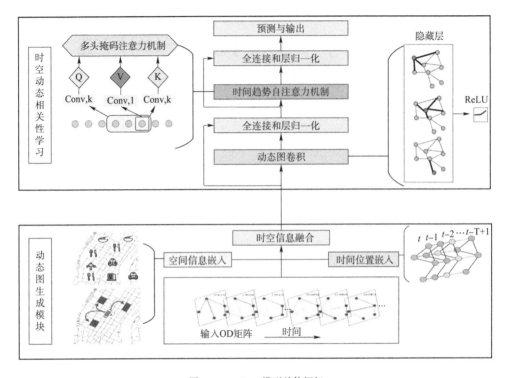

图 4-1 MDGAT 模型总体框架

第二节 基于 MDGAT 的出租汽车 OD 需求预测模型

一、动态时空图生成单元

以往研究中多数模型基于区域距离预先构建静态图结构,使用 DTW(动态时间规整)函数计算语义邻接矩阵,此类方法预先构建的图结构缺乏对时空相关性的表征能力,本书从时序和空间信息两个角度,以节点全连接有向边为基础,根据图节点和边的属性特征进行动态 OD 图构建。

第四章 基于 MDGAT 的出租汽车 OD 时空特征挖掘预测模型

1. 输入数据

首先,按照固定时间间隔构建 OD 矩阵 M_t,构建 OD 时空张量 $X^t = (M_t, M_{t+1}, \cdots, M_{t-\tau+1})$,在此基础上表示 OD 时空张量 $X = \{X^1, X^2, \cdots, X^t, \cdots, X^{T_{OD}}\}$。其中,每个 OD 矩阵的 $N \times N$ 大小为 69×69,T 为时间窗,$X_{i,j}^T$ 为标准化处理后数据,见式(4-1)。输入数据的特征类别以及维度见表4-1。

$$X_{i,j}^T = \begin{bmatrix} x_{1,1}^1 & x_{1,2}^1 & \cdots & x_{n,n}^1 \\ x_{1,1}^2 & x_{1,2}^2 & \cdots & x_{n,n}^2 \\ \vdots & \vdots & \ddots & \vdots \\ x_{1,1}^T & x_{1,2}^T & \cdots & x_{n,n}^T \end{bmatrix} \quad (4-1)$$

数据特征描述　　　　　　　　　　　　　　表4-1

特征类别	特征	特征描述	维度
时间	小时	订单出发时间所在小时,范围为 0~23	1×24
	星期	订单出发时间所在星期,范围为 1~7	1×7
空间	起点区域	曼哈顿地区区域编号 1~69	1×69
	讫点区域	曼哈顿地区区域编号 1~69	1×69
	起点 POI	居民住宅等 9 类 POI,表示为 1~9	1×9
	讫点 POI	居民住宅等 9 类 POI,表示为 1~9	1×9

2. 时间位置编码

为解决注意力机制对序列顺序的忽略,保证相邻元素的优先级,并且针对周期性特征进行提取,本章选取的时间信息包含时间段属性 T_t^{Day} 以及星期属性 T_t^{Week} 两部分。

3. 空间位置编码

空间上,从环境语义、OD 流交互强度两方面进行空间位置编码,得到环境语义嵌入矩阵 $E_{POI(i,j)}$ 以及流量交互嵌入矩阵 $E_{Flow(i,j)}$,随后进行逐元素乘法运算,得到空间嵌入 E_{Space}。

(1)环境语义:环境语义主要用于研究区域环境兴趣点信息。首先由 POI 数据进行区域环境语义特征的表征,计算每个区域相应POI类别的密度,见式(4-2)。随后利用余弦相似度计算两个区域的城市功能相似度,见式(4-3);最后得到环境语义矩阵$E_{\text{POI}(i,j)}$,见式(4-4)。

$$E_{\text{POI}_{i(k)}} = \frac{m_k^i}{m^i} \times \log\left(\frac{M}{M_k}\right) \tag{4-2}$$

$$\omega_{\text{POI}(i,j)} = \frac{E_{\text{POI}(i)} \times E_{\text{POI}(j)}^{\text{T}}}{|E_{\text{POI}(i)}\| E_{\text{POI}(j)}|} \tag{4-3}$$

$$E_{\text{POI}(i,j)} = \begin{bmatrix} 0 & \omega_{\text{POI}(1,2)} & \cdots & \omega_{\text{POI}(1,N)} \\ \omega_{\text{POI}(2,1)} & 0 & \cdots & \omega_{\text{POI}(2,N)} \\ \vdots & \vdots & \ddots & \vdots \\ \omega_{\text{POI}(N,1)} & \omega_{\text{POI}(N,2)} & \cdots & 0 \end{bmatrix} \tag{4-4}$$

式中:$E_{\text{POI}_{i(k)}}$——区域所包含第k类POI密度;

$\text{POI}_{i(k)}$——第三章第四节POI的重分类;

m_k^i——区域i含的k类POI的个数;

m^i——区域i包含的POI的总数;

M——整个研究区域POI的个数;

M_k——整个研究区域k类POI的个数;

$\omega_{i,j}$——区域i、j的相似度权重。

(2)OD流量交互强度:首先,按照不同星期属性的高峰、平峰、低谷不同时段将不同时段的流量进行平均,使用移动加权平均法计算从此区域出发前往其他区域的出行量,以及从其他区域出发到达该区域的出行量平均值,进行归一化处理后作为边特征值与可学习参数做点积,计算公式见式(4-5),完成不同起讫点之间动态变化的流量交互特征挖掘,最后得到空间位置图$E_{\text{Flow}(i,j)}$,见式(4-6)。

$$x_{i,j}^t = \frac{1}{N}\sum_{n=1}^{N}\left(\frac{F_{ij}^t}{\sum_{n\in N(i)}F_{in}^t}\right)(W_n^E)^{\text{T}} \tag{4-5}$$

第四章 基于 MDGAT 的出租汽车 OD 时空特征挖掘预测模型

$$E_{\text{Flow}(i,j)} = \begin{bmatrix} x_{\text{Flow}(1,1)} & x_{\text{Flow}(1,2)} & \cdots & x_{\text{Flow}(1,n)} \\ x_{\text{Flow}(2,1)} & x_{\text{Flow}(2,2)} & \cdots & x_{\text{Flow}(2,n)} \\ \vdots & \vdots & \ddots & \vdots \\ x_{\text{Flow}(n,1)} & x_{\text{Flow}(n,2)} & \cdots & x_{\text{Flow}(n,n)} \end{bmatrix} \tag{4-6}$$

式中：$x_{i,j}^t$——节点 i 到节点 j 在时间段 t 内的边特征值；

F_{ij}^t——节点 i 到节点 j 在时间段 t 内的流量；

$N_{(i)}$——与节点 i 有流量交互的全部节点；

F_{in}^t——在时间段 t 内流量交互强度越强，节点间连接越紧密；

W_n^E——可学习参数。

针对环境语义嵌入矩阵 $E_{\text{POI}(i,j)}$ 以及流量交互嵌入矩阵 $E_{\text{Flow}(i,j)}$，进行逐元素乘法融合得到 E_{Space}，计算公式见式(4-7)。

$$E_{\text{Space}} = E_{\text{POI}} \odot E_{\text{Flow}} \tag{4-7}$$

4. 时空信息融合嵌入

针对输入数据 $X_{i,j}^t$，首先经过 MLP 多层感知器层进行信息提取，随后结合时间、空间位置编码进行信息融合，得到动态图嵌入，见式(4-8)。最后根据节点相似性生成图，生成动态矩阵进行的归一化操作，见式(4-9)。

$$E = \tanh\left[\text{MLP}(X_{i,j}^T) \odot E_{\text{Space}} \odot T_t^{\text{Week}} \odot T_t^{\text{Day}}\right] \tag{4-8}$$

$$W_G^t = D_t^{-\frac{1}{2}} A_t^d D_t^{-\frac{1}{2}} = D_t^{-\frac{1}{2}}\left[\text{Relu}(E \cdot E^T)\right] D_t^{-\frac{1}{2}} \tag{4-9}$$

式中：$A_t^d \in R^{N \times N}$——时刻 t 生成动态图的加权邻接矩阵；

$\odot$——逐元素乘积运算。

二、动态时空注意力单元

动态图时空学习单元是整个预测模型的核心，在时空学习模块，本书选择搭建多头动态图注意力网络实现 OD 需求的动态时空关系学习，由时间趋势自注意力模块、空间动态图注意力模块两部分组成，用以完成动态时空相关性特征学习以及预测任务。

1. 空间动态图注意力

空间特征提取部分,使用动态图注意力网络,从初始的空间关系图中获得节点嵌入,根据嵌入节点的相似度构建邻接矩阵。具体实现过程如下:首先获取高维特征,在注意力层中计算目标节点与其邻域节点的注意力系数矩阵 a_{ij},计算公式见式(4-10);将多头注意力机制计算的特征结果进行平均,计算公式见式(4-11)。

$$a_{ij} = \frac{\exp\{\text{LeakyReLU}[A_{i,j} \cdot a^T(WV_i \parallel WV_j)]\}}{\sum_{j \in N_i} \exp\{\text{LeakyReLU}[A_{i,j} \cdot a^T(WV_i \parallel WV_j)]\}} \quad (4\text{-}10)$$

$$X_t^{(l)} = h_i^{l+1} = \text{ReLU}\left(\frac{1}{K}\sum_{K=1}^{K}\sum_{j \in N(i)} \alpha_{ij}^K W^{(l)} h_i^l\right) \quad (4\text{-}11)$$

式中: V_i ——节点表示向量;

h_i^l ——节点更新的隐藏特征;

$\exp(\cdot)$ ——单层前馈神经网络;

LeakyReLU($\cdot$)和 ReLU($\cdot$)——激活函数;

$W^{(l)}$ ——进行节点特征变换的共享权重矩阵。

2. 多头掩码自注意力机制

多头自注意力机制通过将 Q、K、V 映射到不同子空间,进行注意力系数计算,来获取来自不同子空间的信息,但传统的自注意力机制存在一个问题,其对自身上下文不敏感,即位置不可知性,反映到时空数据挖掘上,针对连续数据趋势预测及交通异常情况预测会出现失灵现象。举例来说,实际生活中 14:00 左右会短暂出现需求次高峰,此时订单需求和早高峰需求量相近,自注意力机制会认为两点关联性较强,但早高峰时段持续时间较长处于平稳状态,而 14:00 的次高峰处于波动的峰值,两者变化趋势有很大区别,所以不可同日而语。针对这一问题,本章选用多头掩码注意力机制进行包含趋势性的时间特征挖掘,多头掩码自注意力机制又称多头趋势自注意力机制(图4-2),利用一维因果卷积替代传统自注意机制的线性映射,计算公式见式(4-12)、式(4-13)。

$$\text{TrSelfAttention}(Q,K,V) = \parallel (\text{Trhead}_1, \cdots, \text{Trhead}_h) W \quad (4\text{-}12)$$

$$\mathrm{Thread}_i = \mathrm{Attention}(\Phi_i^Q \otimes Q, \Phi_i^K \otimes K, \Phi_i^V \otimes V) \quad (4\text{-}13)$$

式中：Φ_i^Q、Φ_i^K、Φ_i^V——Q、K、V 的卷积核；

$\otimes$——卷积操作；

$\parallel$——拼接操作。

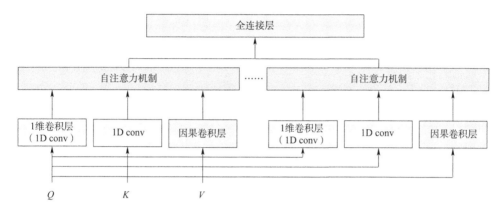

图 4-2　多头掩码自注意力机制

三、预测与输出

在模型训练中，输出为下一时间窗下的 OD 订单需求，公式见式(4-14)。使用针对预测的回归问题设计优化函数，对模型进行优化，计算公式见式(4-15)。

$$Y = [x_{n,n}^{t+1}, x_{n,n}^{t+1}, \cdots\cdots, x_{n,n}^{t+1}] \quad (4\text{-}14)$$

$$L = \frac{1}{|n^2|} \sum_{i=1}^{n} \sum_{j=1}^{n} \parallel Y_{i,j} - \hat{Y}_{i,j} \parallel_2^2 \quad (4\text{-}15)$$

式中：$Y_{i,j}$——模型预测结果，即下一时段起讫点 i、j 的出行流量真实值；

$\hat{Y}_{i,j}$——模型预测值。

第三节　实　　验

为评估模型性能，证明其有效性，本书选择两个国内外的大规模真实数据集，分别是纽约数据集和海口数据集。此外,实验中选用5个相关模型作为基准模型进行对比评估。

一、数据集

实验中使用的纽约出租汽车数据集、海口出租汽车数据集的详细信息及数据预处理过程在本书第三章已做过详细描述,本节不作重复叙述。纽约、海口出租汽车数据集相关信息见表4-2。

数据信息　　　　　　　　　　　　　　　表4-2

数据集	纽约数据集	海口数据集
订单数量	2919272	1184674
边数量	4761	4096
节点数量	69	32
时间范围	31天	30天
时间粒度	10min/15min/30min	10min/15min/30min
区域划分方式	非欧式不规则区域	欧式网格
动态OD图序列长度	10	10

二、实验设置

本书基于 PyTorch 框架实现模型搭建,实验环境设置见表4-3。

实验参数设置如下:节点向量维度设置为4,模型维度设置为256,初始学习率设置为0.001,权重衰减函数设置为0.001,dropout 设置为0.2,最大卷积步数为2,使用 Adam 优化器对模型进行优化。

对 MDGAT 模型的注意力头数以及卷积层数进行参数寻优,结果见表4-4,可以看出2层4头注意力的模型预测误差最小,故确定模型卷积层数为2,H_A为4。

实验中,本书选取8∶1∶1的比例划分训练所搭建模型的训练集、调整所搭建模型超参数的验证集和评估所搭建模型能力的测试集。

第四章 基于 MDGAT 的出租汽车 OD 时空特征挖掘预测模型

硬件信息　　　　　　　　　　　　　　　表 4-3

名称	参数
CPU	i5-10200H
GPU	NVIDIA GeForce RTX 2060
Windows	11
Python	3.9.7
Pytorch	1.7.1
Cuda	11.5.125

MDGAT 模型参数寻优　　　　　　　　　表 4-4

层数	头数 H_A			
	1	2	4	8
1	1.6598	1.6699	1.6702	1.7265
2	1.7598	1.7600	1.6592	1.7536
4	1.7898	1.7598	1.7555	1.7089

三、基准方法

在对比实验中,包括以下 5 种基准方法。

(1)历史平均方法(HA):历史平均方法是最常采用的一种时间序列模型。本书中,分别按照 10min、15min、30min 的时间窗口将不同区域对间历史出行需求的平均值作为 HA 模型的预测结果。

(2)多层感知机(MLP):多层感知机本质是人工神经网络,是机器学习方法。本书选择两层全连接神经网络,神经数量设为 128 以及交通节点数 $N=69$,选用 ReLU 激活函数。

(3)LSTM:LSTM 是 RNN 的变体,在需求预测问题中应用广泛,本书中,仅应用于订单需求的时序关系,对空间特征无学习能力。

(4)GEML:GEML 是一种基于网格嵌入的单馈多任务学习网络,是最早的 ODMP 预测模型。

(5)CSTN:CSTN 是一个情景化时空网络,由局部空间信息(LSC)、时间演化信息(TEC)以及全局相关信息(GCC)三部分组成。

以上基准方法中,HA 属于传统数理统计方法,LSTM 为时序预测的单模型方法,GEML 和 CSTN 是静态 OD 预测方法。

四、模型评估

OD 需求预测隶属于回归问题,常用评价指标有平均绝对误差(Mean Absolute Error,MAE)、均方根误差(Root Mean Square Error,RMSE)、平均绝对百分比误差(Mean Absolute Percentage Error,MAPE)。MAE 表示预测值和真实值之间绝对误差的均值,计算公式见式(4-16);RMSE 表示预测值和真实值之间误差的平方数与试验次数比值的平方根,计算公式见式(4-17);MAPE 表示预测值和真实值之间绝对差值与真实值之间的相对误差,计算公式见式(4-18)。

$$\text{MAE} = \frac{1}{N}\sum_{i=1}^{N} | Y_{ij} - \hat{Y}_{ij} | \tag{4-16}$$

$$\text{RMSE} = \sqrt{\frac{1}{N}\sum_{i=1}^{N}\sum_{j=1}^{N}(Y_{ij} - \hat{Y}_{ij})^2} \tag{4-17}$$

$$\text{MAPE} = \frac{100\%}{n^2}\sum_{i=1}^{N}\sum_{j=1}^{N}\left|\frac{Y_{ij} - \hat{Y}_{ij}}{Y_{ij} + \varepsilon}\right| \tag{4-18}$$

式中:Y_{ij}——真实值;设置 $\varepsilon = 0.1$,防止分母为零。

五、实验结果

针对不同时间粒度在纽约数据集上对比基准模型进行了对比实验,实验结果见表 4-5。表 4-6 比较了多头注意力动态网络与其他 5 个基准模型在纽约数据集和海口数据集上的预测表现情况。

第四章 基于 MDGAT 的出租汽车 OD 时空特征挖掘预测模型

不同时间粒度下模型预测效果　　　　　　　　　　　　表 4-5

模型	10min			15min			30min		
	RMSE	MAE	MAPE（%）	RMSE	MAE	MAPE（%）	RMSE	MAE	MAPE（%）
HA	3.0992	1.8327	5.5785	4.4934	2.4612	8.0882	8.0294	4.6522	14.4530
MLP	2.4843	1.5455	4.4718	3.3556	2.0936	6.0401	5.3371	3.3072	9.6068
LSTM	2.3995	1.4565	4.3191	3.0910	1.8686	5.5638	5.1248	3.0813	9.2246
GEML	2.3638	1.4518	4.2549	3.0037	1.9048	5.4066	4.7470	2.7918	8.5446
CSTN	2.2648	1.4103	4.0766	2.9233	1.7874	5.2619	4.6175	2.7923	8.3115
MDGAT	**2.1636**	**1.3316**	**3.8945**	**2.8968**	**1.7005**	**5.2143**	**4.5819**	**2.5630**	**8.24545**

MDGAT 与基准模型预测表现比较　　　　　　　　　　　　表 4-6

模型	纽约数据集			海口数据集		
	RMSE	MAE	MAPE(%)	RMSE	MAE	MAPE(%)
HA	3.0992	1.8327	5.5785	5.0326	2.4612	2.7565
MLP	2.4843	1.5455	4.4718	3.7583	2.0936	2.3448
LSTM	2.3995	1.4565	4.3191	3.4619	1.8686	2.0928
GEML	2.3638	1.3859	4.2549	3.3641	1.7398	1.9486
CSTN	2.2648	1.4103	4.0766	3.2741	1.7874	2.0019
MDGAT	**2.1636**	**1.3316**	**3.8945**	**3.2444**	**1.7005**	**1.9046**

图 4-3 为时间粒度分别为 10min 时的 MDGAT 模型与基准模型在纽约数据集上的对比实验结果。图 4-4 为时间粒度分别为 15min 时的 MDGAT 模型与基准模型在纽约数据集上的对比实验结果。图 4-5 为时间粒度分别为 30min 时的 MDGAT 模型与基准模型在纽约数据集上的对比实验结果。

首先对比不同的时间粒度可得出：模型时间粒度选择 10min 时，各项预测指标达到最优；时间粒度选择 30min 时，预测性能最差。此外，MDGAT 模型与前文提出的 GEML 与 CSTN 模型对比：10min、15min、30min 时间粒度下最优预测效果在 RMSE 指标上分别提升 8.47%、3.56%、3.48%，在 MAE 指标上分别提升 8.28%、10.73%、8.21%，在 MAPE 指标上分别提升 8.47%、3.55%、3.50%。

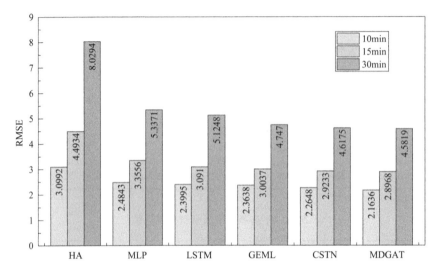

图 4-3　模型预测结果的 RMSE 值

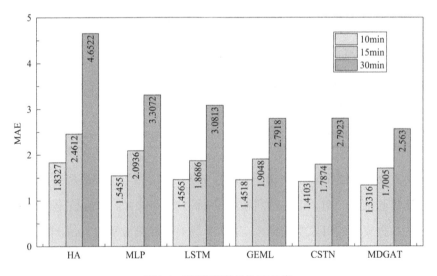

图 4-4　模型预测结果的 MAE 值

对比纽约和海口的实验结果，可以看出，纽约数据集与模型的契合度更高，海

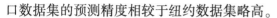

口数据集的预测精度相较于纽约数据集略高。

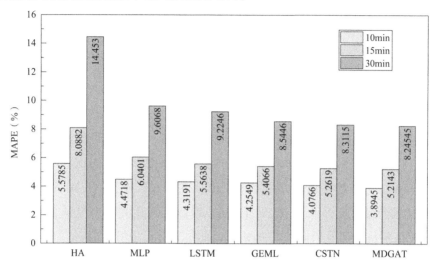

图 4-5 模型预测结果的 MAPE 值

表 4-6 比较了 MDGAT 与其他 5 个基准模型在纽约数据集和海口数据集上的预测表现情况。表中对各项指标的最优预测结果进行加粗表示,根据预测结果,可以得出以下分析和评价:

(1) 对比基于数理统计和单时序预测模型与基于时空相关性的方法。综合考虑时间空间信息的模型(GEML、CSTN、MDGAT)在纽约、海口两个数据集上的预测表现都要优于仅考虑时序关系的传统方法(HA、LSTM),其中 HA 模型预测表现最差,MDGAT 模型与前文提出的 HA、LSTM 模型对比:在 RMSE 指标下,最优预测效果分别提升 30.18%、9.83%;在 MAE 指标下,最优预测效果分别提升 27.34%、8.56%;在 MAPE 指标下,最优预测效果分别提升 30.19%、9.00%。由于 HA、LSTM 模型都是仅针对时序信息进行学习,没有捕获空间特征的能力,MDGAT 模型具备学习起讫点需求在空间相关性方面的特征,所以预测能力表现更加优异。由此说明,在进行起讫点需求预测研究中,学习空间关系是不容忽视的。

(2) 对比利用卷积网络和图神经网络方法。基于动态图神经网络模型(MDGAT)相比多层感知机(MLP)模型以及卷积神经网络 CSTN:对于 RMSE 指标最优预测效果分别提升 12.91%、4.47%;对于 MAE 指标最优预测效果分别提升

13.84%、5.58%,对于 MAPE 指标最优预测效果分别提升 18.78%、4.86%。这表明图结构的引入能够很大程度上提升模型的预测能力。图结构在学习空间关系方面能力更强的原因可能在于,图结构能够处理非欧式空间数据,而卷积神经网络仅能处理欧氏空间的数据,交通网络具有复杂的非欧关系,所以卷积神经网络在学习空间关系上受到一定限制,预测效果不够理想,而本书的 MDGAT 模型从构建表征多种空间特征的图结构出发,因此在预测能力上更为优异。由此说明,在起讫点需求预测中,图结构能够更好地表征其空间特征,同等条件下预测能力更加显著。

(3)对比静态图结构和动态图结构。使用动态图预测的 MDGAT 模型在预测能力上优于仅考虑静态地理邻居和语义邻居的图嵌入模型(GEML):对于 RMSE 指标最优预测效果提升 8.47%,对于 MAE 指标最优预测效果提升 3.92%,对于 MAPE 指标最优预测效果提升 2.26%。由此可以看出,动态图在时空数据挖掘上表现能力更佳,对于时空数据挖掘问题,由于时空相关性动态变化,因此仅使用不随时间变化更新区域的静态图,会造成预测能力不佳,而 MDGAT 模型同时考虑静态环境语义关系和起讫点交通流的动态流动特征,所以预测能力有明显的改善。由此说明,在出租汽车 OD 需求预测问题中,考虑静态、动态等空间异构关系会优于仅针对静态节点特征建模。

(4)对比海口和纽约出租汽车数据。对比海口和纽约的各项预测指标,使用纽约出租汽车数据的预测结果各项性能都明显优于使用海口出租汽车数据集的预测结果,分析原因可能在于区域划分方式以及数据量两方面。纽约出租汽车数据基于 TCL 提供的非欧式空间,区域划分方式属于非欧式数据,而海口出租汽车数据集则是采用网格的方式划分,一方面网格区域大小会影响预测的结果,本书所使用的海口数据缺少对网格大小预测结果的详细对比实验,而是根据现阶段的经验大致选择区域大小对小批量数据进行对比后,人工选择最优网格大小作为实验数据。由此说明,在出租汽车 OD 需求预测研究中,区域划分方式在一定程度上影响预测结果,因此对于区域划分方式的研究应在今后研究中予以足够重视。

六、消融分析实验

在本章所提出的多头动态注意力网络结构中,动态图生成是至关重要的组成

第四章 基于 MDGAT 的出租汽车 OD 时空特征挖掘预测模型

部分。为了验证构建动态图对模型的影响,本章同时选择进行消融分析实验,本章设计了三个变体模型。①W/O_Dyn:原模型动态图生成模块中动态图全部替换成静态图;②W/O_POI:移除原模型动态图生成模块中的静态环境语义相关图;③W/O_TRA:将原模型时空学习模块的时间趋势自注意力改为自注意力机制。表 4-7 和图 4-6 提供了在纽约数据集 10 个预测步下,三个模型的平均 MAE、RMSE 和 MAPE 评价指标。

MDGAT 网络消融分析模型预测结果比较 表 4-7

模型	Taxi-NYC		
	RMSE	MAE	MAPE(%)
W/O_Dyn	2.7707	1.6557	4.9872
W/O_POI	2.4078	1.4518	4.3341
W/O_TRA	2.8007	1.7143	5.0413
MDGAT	**2.1636**	**1.3316**	**3.8945**

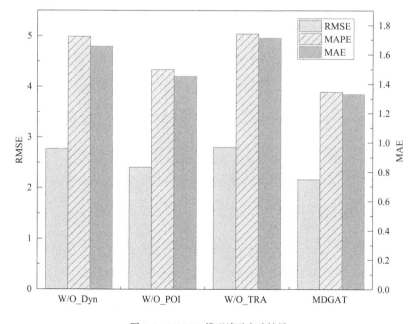

图 4-6 MDGAT 模型消融实验结果

从实验结果可以直观看出，MDGAT 模型预测能力更优。MDGAT 模型对比仅用静态图 W/O_Dyn 模型 RMSE 参数上升了 28.06%，MAE 参数上升了 24.34%，MAPE 参数上升了 28.06%。实验的预测结果验证了建模初期时的构想，在进行图构建的时候，使用综合考虑静态环境语义关系和动态 OD 流变化相关性关系的自适应生成图，更能满足高精度的预测要求。

MDGAT 模型对比移除环境语义相关图的 W/O_POI 模型，RMSE 上升了 11.28%，MAE 参数上升了 9.03%，MAPE 参数上升了 11.28%。对于移除静态环境相关图后，实验结果变化并不明显这一现象，原因可能在于图神经网络本身具有强大的学习能力，虽然可解释性不强，但是深度神经网络具备识别区域承担城市功能的能力。

MDGAT 模型对比将趋势自注意力机制改为自注意力机制的 W/O_TRA 模型，预测结果如图 4-7 所示。实验结果表明，RMSE 参数上升了 29.45%，MAE 参数上升了 28.74%，MAPE 参数上升了 29.47%，可见针对未来交通需求状态进行区分对时空数据挖掘精度有一定提升。

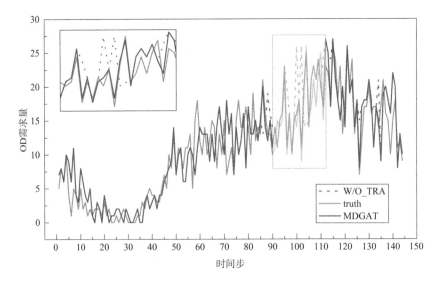

图 4-7　MDGAT 模型与 W/O_TRA 预测结果对比

第四节 本章小结

本章从静态图对于非欧式空间特征表征能力差这一问题入手,从全新视角进行动态图构建,提出了基于多头动态图注意力网络进行出租汽车 OD 需求预测。

首先,在模型搭建方面。本章在图注意力网络的基础上搭建多头动态图注意力网络模型,网络主要分为图生成单元以及时空学习单元。动态时空图生成单元对输入数据进行时间和空间的信息嵌入,实现动态图构造;在时空关系学习模块,采用多头趋势自注意力图卷积,实现时空相关性的挖掘和预测。

其次,在实验方面。本章选取纽约和海口国内外两个公开大型出租汽车数据集,选取 MAE、RMSE 以及 MAPE 三种有效评价回归模型的指标,以多个现阶段 OD 预测模型作为基准模型,同时也进行了消融分析实验进行对比评价。实验结果表明,本章所搭建的 MDGAT 模型在所有评价指标上都表现更加优异,同时动态图生成、趋势多头自注意力不可或缺。

虽然本章所提出的多头动态图注意力网络模型具有一定先进性,但是仍存在一定不足,首先时间粒度的选择造成数据稀疏问题严重,其次针对起讫点承担不同交通功能并未进行合理的研究,在下一章节,会针对本章所反映的问题进行进一步研究和改进。

第五章 基于 MCNAT 的出租汽车 OD 时空特征挖掘预测模型

本章提出多层级连续时间动态节点注意力网络(MCNAT)的出租汽车需求预测模型。首先概述 MCNAT 模型的总体结构,随后详细叙述 MCNAT 模型的设计思路和实现流程。分别介绍时域连续时间节点更新表示以及基于随机游走的空域信息聚合单元,在每小节先阐述设计思路,说明采用相关算法原理,并用数学公式解释实现过程。最后使用纽约、海口两大真实出租汽车出行订单数据集评估所构建的模型。

第一节 基于连续时间的出租汽车 OD 需求预测

在出租汽车 OD 需求预测研究中,大多数研究人员延续节点需求预测的方法,上一章搭建的基于 MDGAT 的出租汽车 OD 需求预测模型同样是使用离散时间动态图进行的预测方法,使用固定的滑动时间窗口进行动态图采样,从需求发生的角度进行预测。OD 需求是具有连续时间特征能够反映起讫点交互关系的事件,手动选择时间窗口的方法过于依赖时间粒度的大小,选择时间粒度过大会降低模型感知重要信息的能力,选择时间粒度过小会导致大量噪声,使需求矩阵中产生过多的零元素。

此外,讫点的需求吸引性也同样具有研究价值,起讫点承担需求发生和吸引两种不同交通属性,单纯作为同质化节点借助环境语义信息并不能很好地表征二者所承担的属性责任,现存大部分针对起讫点的研究预测,都将起讫点作为同质节点,使用预定义的静态邻接矩阵定义空间节点拓扑,部分研究虽然考虑到起讫点问题,通过使用两个神经网络对起讫点的需求进行区分,但是上述方法并未从根本上区分起讫点的不同空间属性特征。

因此,在 OD 需求研究中如何选择合适的时间窗口避免数据稀疏的影响,并针对起讫点进行进一步空间挖掘是现阶段研究中的新视角。近期,连续时间动态图嵌入引起部分研究人员的关注,本章通过搭建连续时间动态多层级时空学习的模型框架,用于预测出发地的 OD 需求。

第二节 模型框架

本节中,首先对连续时间 OD 图进行定义,随后对多层级连续时间动态节点注意力网络结构进行详细介绍。MCNAT 模型总体结构如图 5-1 所示。

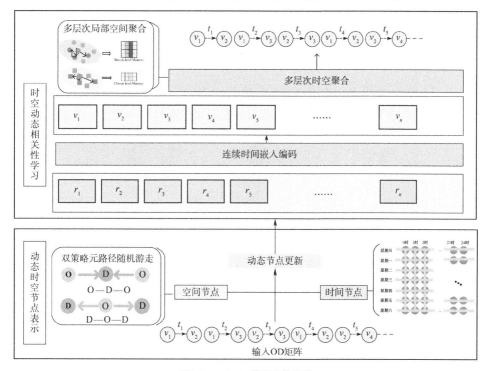

图 5-1 MCNAT 模型总体框架

一、问题定义

(1) 连续时间动态 OD 图:定义连续时间动态图为 $G^t = (V, E^t)$,$E^t = (V_O, V_D, t)$ 为起点到讫点在时刻 t 下的 OD 需求。

(2) OD 需求预测:OD 需求矩阵包含一段时间内,每个节点对之间的需求。结合给定历史交易记录,OD 需求预测目的是预测下一时间的 OD 需求矩阵,见式(5-1)。

$$Y^{t:T+\tau} = f(G_t, F, W) \tag{5-1}$$

式中:F——节点向量的特征表示;

W——可学习参数集。

二、时空节点表示单元

1. 时空图构造

异构图指节点和边拥有不同类型标签的图结构,是近年来在时空数据挖掘领域研究的新方向,本书从时间、空间两方面构造时空异构图。

(1) 时间方面:将时间离散成大小维度相等的时间片,如图 5-2 所示,以节点的静态拓扑结构作为基础,预定义带有星期属性以及时间片索引的节点初始向量。

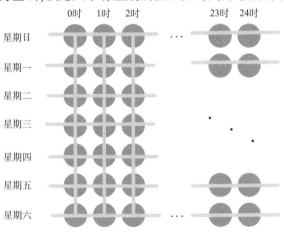

图 5-2 时间节点示意图

第五章 基于 MCNAT 的出租汽车 OD 时空特征挖掘预测模型

(2)空间方面:从需求发生和需求吸引两个角度入手,对节点进行区分。分别定义起讫点节点为 V_O 和 V_D。由讫点指向起点的边称为反向边,表示为 $e_{j,i}:V_D \to V_O$;由起点指向讫点的边为正向边,表示为 $e_{i,j}:V_O \to V_D$;异构图节点为时间和空间节点集合的集合,公式见式(5-2)。

$$V = [V_O \cup V_D \cup V_t] \tag{5-2}$$

2. 双策略元路径随机游走

随机游走策略分为两种:①对正向边和反向边进行交替递归采样;②对反向边和正向边进行交替递归采样。

针对正向边和反向边进行交替递归采样的随机游走过程可以表示为:首先从 OD 图起点的正向边开始,得到讫点所在节点,然后对目标为该讫点所在节点的反向边进行随机采样,得到其另一起点节点,最后采样一个包含 n 个节点的节点集,记为 p_0。针对第二个反向边和正向边进行交替递归采样过程可以表示为:首先从 OD 图讫点的反向边开始,得到起点所在节点,然后对目标为该起点所在节点的正向边进行随机采样,得到其另一讫点所在节点,最后采样一个包含 n 个节点的节点集记为 p_1。计算公式见式(5-3)。

$$p = \varphi[\exp(\hat{t} - t^-)], d = 0 \tag{5-3}$$

式中: φ——逐行归一化;

$\hat{t}$——首先初始化的计算时间;

t^-——最后一次更新的时间。

3. 节点表示学习

节点表示学习通过对节点原始特征进行变换,得到包含时空信息的节点表示作为模型输入。本章通过添加 a_i^t 和 b_i^t 两个函数,分别对节点加权求和并进行归一化操作,其比值作为 t 时刻节点更新的表示,具体实现流程如下:

首先结合时间节点 V_t 对初始节点进行线性变换,得到节点中间表示 r_k,计算公式见式(5-4)、式(5-5);在时刻 t,选择 a 和 b 两个储存单元更新节点表示,针对每一节点计算时刻的所有事件交互权重,同时在新事件发生时引入一个衰减函数来计算此节点在先前时间与其他节点的交互权重,计算公式见式(5-6)、式(5-7),

最后得到所有节点的预训练嵌入向量表示,见式(5-8)。

$$r_k = \sum_{(j \in N_i^p)} a_{ij}^p V_t \tag{5-4}$$

$$a_{ij}^p = \exp[\,\mathrm{msg}(v_i, v_j)\,] \tag{5-5}$$

$$a_i^t = \exp[\,-\lambda(t-t^-)\,]a_j^{t-} + \mathrm{msg}\left\{\sum_{(V_i,V_j,t_k) \in E^t - E^{t-}} \exp[\,-\lambda(t-t_k)\,]r_i'\right\} \tag{5-6}$$

$$b_i^t = \exp[\,-\lambda(t-t^-)\,]b_j^{t-} + \mathrm{msg}\left\{\sum_{(V_i,V_j,t_k) \in E^t - E^{t-}} \exp[\,-\lambda(t-t_k)\,]\right\} \tag{5-7}$$

$$v_j^t = \frac{a_i^t}{b_i^t} \tag{5-8}$$

式中:$j \in N_i^p$——元路径下邻居节点集合;

　　　v_j^t——t 时刻下区域的节点表示;

　　　a_i^t——相邻节点表示的时间加权求和;

　　　b_i^t——时间归一化;

　　　t^-——t 时刻前节点最后一次更新的时间;

　　　a_j^{t-}——新事物发生前所有先前交互的权重;

　　　a^0 与 b^1——节点最后一次更新时间;

　　　$\exp(\cdot)$——激活函数;

　　　msg——消息传递函数,本书使用三个多层感知机 MLPs。

三、时空相关性学习单元

本小节在动态时空图的基础上,介绍面向连续时间动态图如何进行时空关系学习预测,主要包括连续时间嵌入和多层级时空感知层两部分。

1. 连续时间嵌入

此部分主要将历史 OD 需求作为连续特征,通过连续时间嵌入(CTE)将原始 OD 需求的表示向量映射到同一维度,计算公式见式(5-9);更新 OD 需求表示向量,计算公式见式(5-10)。

$$f_{\mathrm{CTE}}(t) = \sqrt{\frac{1}{d}}[\cos(\omega_1 t), \sin(\omega_1 t), \cdots, \cos(\omega_{d/2} t), \sin(\omega_{d/2} t)] \tag{5-9}$$

第五章 基于 MCNAT 的出租汽车 OD 时空特征挖掘预测模型

$$r_i' = Wx_i + f_{\text{CTE}}(t) \tag{5-10}$$

式中：ω——模型学习参数。

2. 多层级时空感知层

本小节利用多头自注意力机制完成自适应聚合，得到局部空间集群，实现对需求流动模式的学习，共享参数空间，实现节点间空间依赖关系的自适应学习。具体实现流程为：

首先使用多头注意机制分配权重，计算公式见式（5-11）；将节点聚合为个局部空间集群，注意力系数计算公式见式（5-12），可以确定一个节点属于一个集群的程度；具有相似 OD 需求模式的节点聚合为局部空间集群后共享学习参数，计算公式见式（5-13）；聚合后的集群和整个区域的关系计算公式见式（5-14）。

$$A_h^k = \left[W_h^{k_1}(v^{t^-})^T \right]^T \left[W_h^{k_2}(v^{k,t^-})^T \right] \quad (h = 1,2,3,\cdots,H) \tag{5-11}$$

$$e_{ij} = \text{LeakyReLU}\left[a^T(W\overline{h_i} \parallel W\overline{h_j}) \right] \tag{5-12}$$

$$a_{h,i,j}^k = \frac{\exp(a_{h,i,j}^k)}{\sum_{j=1}\exp(a_{h,i,j}^k)} \tag{5-13}$$

$$Z = \left[v^{t^-} \parallel v^{k,t^-} \right] \tag{5-14}$$

式中：$v^{t^-} \in R^{n \times d}$——聚合前初始节点；

$a_{h,i,j}^k$——聚合后虚拟集群级节点表示；

W——可学习参数；

h——多头注意力机制的注意力头数；

v^{k,t^-}——集群节点的表示形式；

e_{ij}——i 节点在 j 的注意力系数，即节点属于聚类的程度；

Z——拼接融合后的最终节点表示。

四、预测与输出

模型的最后，网络基于融合后的节点表示得到预测，计算公式见式（5-15）；训练中针对模型使用目标函数进行优化，计算公式见式（5-16）。

$$Y_{i,j}^{t:t+\tau} = \mathrm{MLP}(\mathbb{Z}_i^t \parallel \mathbb{Z}_j^t) \tag{5-15}$$

$$L = \frac{1}{\mid n^2 \mid} \sum_{i=1}^{n} \sum_{j=1}^{n} \parallel Y_{i,j} - \hat{Y}_{i,j} \parallel_2^2 \tag{5-16}$$

式中：$\mathbb{Z}$——Z 的节点集；

$Y_{i,j}$——真实值；

$\hat{Y}_{i,j}$——预测值。

除针对预测的回归问题设计优化函数外，模型额外添加一个目标函数 L_{Sparse}，缓解了连续时间 OD 矩阵的不确定性和稀疏性问题，计算公式见式(5-17)。L_{Sparse} 可以发现和预测需求量较小的边，具体实现过程为：首先计算决定模型对误分类样例判断的调质因子 $\hat{p}_{i,j}$，通过 $\hat{p}_{i,j}$ 判断出边 $e_{(i,j)}$ 是否存在出行需求，计算公式见式(5-18)；当 $\hat{p}_{i,j} \ll 0.5$ 时，$\hat{p}_{i,j}^2$ 趋近于 0，此时对应的损失函数的值也趋近于零，此时，目标函数转而关注由模型训练而产生的大量零元素，针对此类难以识别的对象进行预测筛选。模型进行多轮训练后，L_{Sparse} 在优化稀疏数据上的作用显著。

$$L_{\mathrm{Sparse}} = -\frac{1}{\mid n^2 \mid} \sum_{i=1}^{n} \sum_{j=1}^{n} \varphi_{i,j} [\gamma_1 (1-\hat{p}_{i,j})^2 \log(\hat{p}_{i,j})] +$$
$$(1-\varphi_{i,j})[\gamma_2 \hat{p}_{i,j}^2 \log(1-\hat{p}_{i,j})] \tag{5-17}$$

$$\varphi_{i,j} = \begin{cases} 1 & (y_{i,j} \geqslant 1) \\ 0 & (y_{i,j} < 1) \end{cases} \tag{5-18}$$

式中：$\varphi_{i,j}$——判断边是否存在出行需求的决策变量；

$\varphi_{i,j}=1$——边存在需求；

$\varphi_{i,j}=0$——边不存在需求；

γ_1、γ_2——平衡 $\varphi_{i,j}$ 对损失函数的贡献系数。

第三节 实　　验

为评估模型性能，本节选用纽约、海口两个城市大规模真实数据集进行实验，

第五章 基于 MCNAT 的出租汽车 OD 时空特征挖掘预测模型

实验中选用 6 个相关模型作为基准模型进行对比评估,并进行消融分析实验验证模型各组件的性能。

一、数据集

本节选取纽约曼哈顿地区、滴滴出行海口两大出租汽车数据集进行验证,数据信息见表 5-1。

数据信息 表 5-1

数据集	纽约数据集	海口数据集
订单数量	2919272	1184674
边数量	4761	4096
节点数量	69	32
时间范围	31 天	30 天
区域划分方式	非欧式不规则区域	欧式网格
零订单率	62.15%	54.88%

二、实验设置

本书基于 PyTorch 框架实现模型搭建,实验硬件环境同第四章表 4-2。

对 MCNAT 模型的超参数进行评估,分别为:①多头注意力的注意力头数;②损失函数的惩罚系数;③动态节点表示的内存维度、表示维度以及消息传递维度;④深度学习方法的学习率。超参数敏感性分析结果如图 5-3 所示。实验参数见表 5-2。实验中按照 8:1:1 的比例划分训练所搭建模型的训练集、调整所搭建模型超参数的验证集和评估所搭建模型能力的测试集。

实验参数 表 5-2

名称	参数
初始学习率	0.0001
dropout	0.1
早停机制	10

续上表

名称	参数
动态节点存储维度	256
初始学习率	0.0001
消息传递维度	256
注意力头数 H_A	8
时间间隔	30min
集群节点数量	$\sqrt{n}$

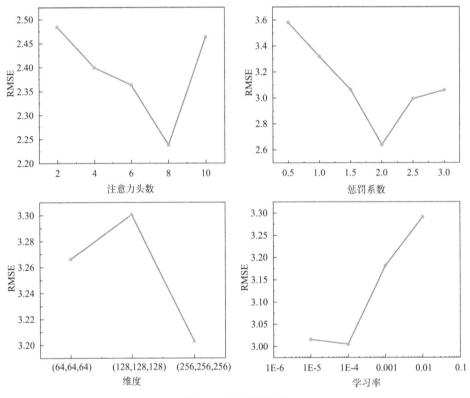

图 5-3 参数寻优结果

三、基准方法

在对比实验中,包括以下 5 种基准方法。

(1)历史平均方法(HA):历史平均方法是最常采用的一种时间序列模型。本书中,分别按照 10min、15min、30min 的时间窗口将不同区域对间历史出行需求的平均值作为 HA 模型的预测结果。

(2)多层感知机:多层感知机本质是人工神经网络,是机器学习方法。本书选择两层全连接神经网络,神经数量设为 128 以及交通节点数 $N=69$,选用 ReLU 激活函数。

(3)LSTM :LSTM 是 RNN 的变体,在需求预测问题中应用广泛,本书中,仅应用于订单需求的时序关系,对空间特征无学习能力。

(4)GEML:GEML 是一种基于网格嵌入的单馈多任务学习网络,是最早的 ODMP 预测模型。

(5)TGN:TGN 是一个连续时间动态图表示学习框架,利用动态图时序信息对节点进行连接预测。

(6)MDGAT:MDGAT 是本书第四章面向出租汽车 OD 需求预测所搭建的多头动态图注意力网络模型。

以上基准方法中,HA 属于传统数理统计方法,LSTM 为时序预测的单模型方法,GEML 和 CSTN 是现阶段较为前沿的 OD 预测模型,TGN 为连续时间动态图模型。

四、模型评估

在模型评价方面,本章延续第四章的评价方式,采用 MAE、RMSE 作为模型评价指标。在此基础上为增加对模型应对稀疏数据能力的检验,在评价指标中额外增加指标 $F_{1\text{score}}$,来判别模型是否正确区分零元素和非零元素,$F_{1\text{score}}$ 的数值越大表示模型对于数据稀疏问题上的判断能力越强,$F_{1\text{score}}$ 的计算公式见式(5-19)。

$$F_{1\text{score}} = \frac{2\text{TP}}{2\text{TN} + \text{FP} + \text{FN}} \quad (5-19)$$

式中:TP——真正例(True Positive, TP),满足 $P(\hat{Y}_{ij} \geq 1 | Y_{ij} \geq 1)$;

TN——真负例(True Negative, TN),满足 $P(\hat{Y}_{ij} < 1 | Y_{ij} \geq 1)$;

FP——假正例(False Positive, FP),满足 $P(\hat{Y}_{ij} \geq 1 | Y_{ij} < 1)$;

FN——假负例(False Negative, FN),满足 $P(\hat{Y}_{ij} < 1 | Y_{ij} < 1)$。

五、实验结果

多头注意力动态网络与其他 5 个基准模型在纽约数据集和海口数据集上进行对比实验,实验结果见表 5-3,表中对各项指标的最优预测结果进行加粗表示。

MDNAT 网络与基准模型预测表现比较　　　　表 5-3

模型	纽约数据集			海口数据集		
	RMSE	MAE	F_{1score}	RMSE	MAE	F_{1score}
HA	3.0992	1.8327	0.5700	5.0326	2.4612	0.5494
MLP	2.4843	1.5455	0.6023	3.7583	2.0936	0.5821
LSTM	2.3995	1.4565	0.6098	3.4619	1.8686	0.6071
GEML	2.3638	1.3859	0.6127	3.3641	1.7398	0.6114
TGN	2.3386	1.4299	0.6215	3.6944	1.7598	0.6187
MDGAT	2.1636	1.3316	0.6188	3.2446	1.7005	0.6238
MCNAT	**2.0609**	**1.2319**	**0.6905**	**2.9918**	**1.4928**	**0.6983**

根据表 5-3 的预测结果,多层级连续时间动态节点注意力网络(MCNAT)模型在各个数据集各项评价指标都表现最优。

图 5-4 为 MCNAT 模型在 OD 对 236—237 上的预测拟合情况,图 5-5 为 MCNAT 模型在 OD 对 236—186 上的预测值与真实值的 y 轴偏移图。236—237 属于高需求 OD 对,周订单总量在 650 条以上;236—186 属于低需求 OD 对,周订单总量在 150 条以下。可以看出模型应对稀疏数据仍表现出很强的鲁棒性。图 5-6 ~ 图 5-8 为模型预测结果。

HA 是传统线性模型,预测表现最差。MCNAT 与前文提出的 MLP、GEML、MDGAT 模型对比:RMSE 最优预测效果分别提升 17.04%、12.81%、4.75%,MAE 最优预测效果分别提升 20.29%、11.11%、7.49%,F_{1score} 的指标分别提升

第五章 基于 MCNAT 的出租汽车 OD 时空特征挖掘预测模型

12.59%、11.10%、10.23%；与同为连续时间嵌入的 TGN 模型相比：RMSE 最优预测效果提升 11.87%，MAE 最优预测效果分别提升 13.84%，F_{1score} 的指标提升 9.85%。

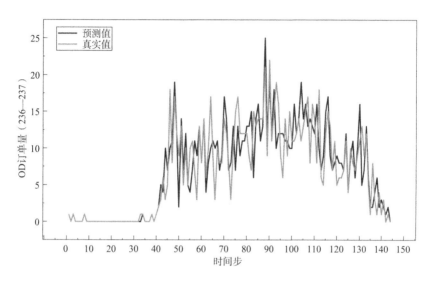

图 5-4 高需求 OD 对预测值与真实值

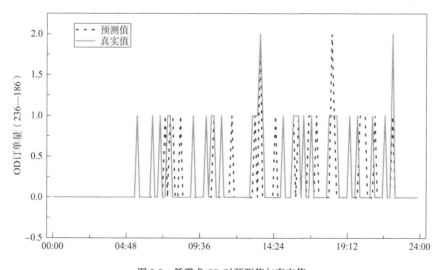

图 5-5 低需求 OD 对预测值与真实值

基于时空图学习的出租汽车起讫点需求预测

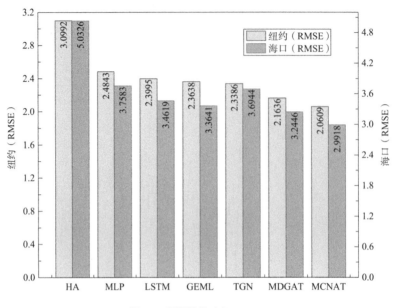

图 5-6　预测结果对比（RMSE）

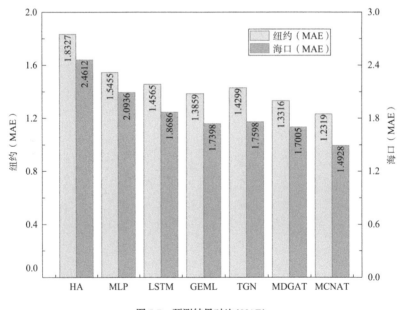

图 5-7　预测结果对比（MAE）

第五章 基于 MCNAT 的出租汽车 OD 时空特征挖掘预测模型

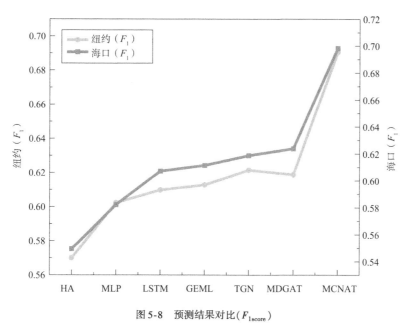

图 5-8 预测结果对比(F_{1score})

针对模型预测结果有以下分析和评价：

(1) 对比连续时间和离散时间动态预测的方法。使用离散时间窗口进行时域信息划分提取的模型（MLP、LSTM、GEML、MDGAT）在纽约、海口两个数据集上预测结果精度都低于使用连续时间窗口进行划分的 MCNAT 模型，其中，MAE 分别提升了 7.5%~11.1%，RMSE 分别提升 8.5%~16.1%。由此可以看出，使用连续时间窗口相较于离散时间窗口的预测精度更高，原因可能在于部分区域的出租汽车需求较低，时间粒度划分过细时产生大量零值会造成模型预测能力不佳，时间粒度划分过大时又会影响模型对热点需求区域的预测，因此离散时间窗口划分在 OD 预测上表现不佳。

(2) 对比静态图嵌入和动态图嵌入的方法。使用连续时间动态图嵌入的 MCNAT 模型和使用静态图嵌入的 GEML 模型进行预测性能的对比分析，可发现本章所选择 MCNAT 模型框架的 RMSE、MAE 指标在纽约数据集上分别有 8.38%、5.34% 的性能提升，在海口数据集上也同样有 11.06%、14.19% 的提升。可能的原因在于，交通节点和边在不同时间承担的交通功能并非一成不变而是在动态变化的，将节点和边的动态时空相关性纳入图学习会提升模型的预测性能。

(3) 对比是否进行时空稀疏性考量。与同为连续时间嵌入的 TGN 模型相比，MCNAT 模型 F_{1score} 的指标提升 9.85%。两个模型都是连续时间嵌入模型，MCNAT 模型预测能力更优秀的原因可能在于，MCNAT 模型添加辅助损失——函数解决对时空稀疏问题，使模型在稀疏数据下表现更佳。

六、消融实验

在本章所提出的多层级连续时间动态节点注意力网络结构中，针对稀疏数据的辅助损失函数以及连续时间预测是两个核心单元。为了验证此部分的影响，本章同时选择进行消融分析实验，设计了三个变体模型。①W/O_CT：原模型连续时间窗口全部替换成 10min 的离散时间窗口；②W/O_LOSS：移除原模型中辅助损失函数；③W/O_ML：移除原模型中多层级时空感知层。图 5-9 及表 5-4 提供了三个模型在纽约数据集 10 个预测步下的平均 MAE、RMSE 和 MAPE 评价指标。实验结果可以直观看出 MCNAT 模型预测能力更优，连续时间嵌入、多层级时空感知层以及辅助损失函数对模型的预测性能十分必要。

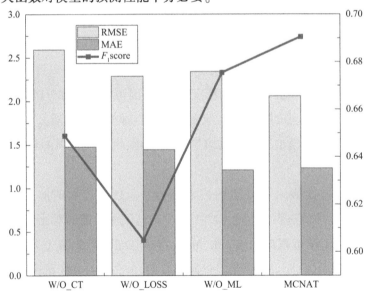

图 5-9　MCNAT 模型消融实验结果

MCNAT 模型消融分析实验 表 5-4

模型	Taxi-NYC		
	RMSE	MAE	F_{1score}
W/O_CT	2.5925	1.4775	0.6488
W/O_LOSS	2.2910	1.4468	0.6049
W/O_ML	2.3436	1.2113	0.6755
MCNAT	**2.0609**	**1.2319**	**0.6905**

第四节　本　章　小　结

本章从离散时间窗口时间粒度选取障碍以及数据稀疏性这两个问题入手,以全新视角从连续时间窗口进行模型搭建,提出了多层级连续时间动态节点注意力网络(MCNAT),进行出租汽车 OD 需求预测。

首先在模型搭建方面,本章在图表示学习的基础上搭建多层级连续时间动态节点注意力网络模型,网络主要分为时空节点动态表示以及时空相关性学习。设计空间时间两种异构节点,设计双策略元路径随机游走进行节点表示,同时利用衰减函数进行节点更新;利用多头自注意力机制完成自适应聚合,得到局部空间集群,实现对需求流动模式的学习,在预测阶段特别引入损失函数缓解数据稀疏性的影响。

其次在实验方面,本章选取纽约和海口国内外两个公开大型出租汽车数据集,采用 MAE、RMSE 两种有效评价回归模型的指标,同时对模型是否能够有效识别稀疏数据进行评估,以多个现阶段 OD 预测模型作为基准,同时通过消融分析实验,进行对比评价。实验结果表明,本章所搭建的 MCNAT 模型在所有评价指标上都表现更加优异。

第六章 结论和展望

随着城市基础建设高速发展,交通场景越发复杂,对起讫点需求进行建模和预测,短期内可以为交通系统提供有效信息,长期来看也可以提升城市规划、交通管理水平,具有较高的研究价值。

第一节 结　　论

本书立足于城市智慧交通高速发展的时代大背景,得益于深度学习、大数据等领先知识技术的发展,针对出租汽车起讫点需求预测问题进行了深入研究。首先分析了 OD 需求预测研究现状以及面临的挑战:动态时空图构建、复杂时空相关性表征、数据稀疏性。针对上述挑战,本书分别提出了基于多头动态图注意力网络(MDGAT)模型以及基于多层级连续时间动态节点注意力网络(MCNAT)模型。

(1)本书构建了基于多头动态图注意力网络(MDGAT)模型,该模型解决了人工经验预定义静态时空图无法表征交通网络的动态空间关系问题。

MDGAT 模型由动态图生成单元以及动态时空注意力单元两部分结构组成。首先输入历史需求数据,在时空动态图生成单元进行时空信息嵌入,使用位置编码进行时间信息表征,将静态环境语义特征以及不同时间段区域对流量交互强度作为节点和边的特征,通过一层图卷积完成动态图嵌入,生成动态时空图。随后输入动态时空注意力单元,进行时空关系的学习,搭建时间层、空间层交替归一化结构,时间层使用多头自注意力机制,空间层使用图卷积,实现动态时空特征挖掘。最后在中国海口、美国纽约曼哈顿两个真实数据集上进行仿真预测,结果表明 MDGAT 模型优于 5 个基础模型,预测结果在 MAE 和 RMSE 两个指标上分别较最优基础模型提升了 8.28% 和 8.47%,并进行消融分析实验验证了各部分组件的必要性。

(2) 本书构建了基于多层级连续时间动态节点注意力网络(MCNAT)模型,该模型针对离散时间动态图预测无法反映起讫点交互关系以及 OD 预测中的数据稀疏性两个问题进行优化。

MCNAT 模型由时空图构造单元以及时空相关性学习单元两部分结构组成。首先将 OD 订单以时空事件数据进行连续时间嵌入,设计双策略元路径随机游走进行起讫点双重语义区分;随后引入衰减函数进行节点更新,实现动态时空节点更新表示;接着基于多头注意力机制设计多层次时空感知层,进行空间聚合形成局部空间集群,实现参数共享,并进行输出预测。特别地,在输出预测阶段,本书额外添加目标函数 L_{Sparse},使模型在训练时额外关注需求量较小的边,缓解了 OD 矩阵稀疏性的影响。最后在中国海口、美国纽约曼哈顿两个真实数据集上进行仿真预测以及消融分析实验,结果表明,MCNAT 模型优于 6 个基础模型,MAE 和 RMSE 两个指标分别较最优模型提升了 4.74% 和 7.48%;面对稀疏数据的鲁棒性更强,$F_{1\text{score}}$ 指标在 0.69 以上,较最优模型提升了 9.85%。

第二节　创　新　点

本书的创新点如下:

(1) 时空图生成模块。不同于以往手动构建图结构,本书 MDGAT 模型通过时空信息嵌入的方式,将星期以及时间段信息以独热向量的方式进行时间位置编码,将不同区域间的环境语义相似性以及不同时段的区域间流量强度进行空间位置编码,通过图卷积完成自适应时空图生成。该方法下生成的时空图包含动态流量关系以及内在的时空联系,拓展了现有 OD 预测中的图构建方式,对时空相关性的把控更有优势。

(2)双策略元路径随机游走。本书 MCNAT 模型是在图表示学习的框架下进行建模,借鉴 Node2vec 特别设计了双策略元路径随机游走。具体实现过程为从起点的正向边开始,得到讫点所在节点,对目标为该讫点所在节点的反向边进行随机采样,得到其另一起点节点,最后采样出一个节点集 p_0;从讫点的反向边开始,得到起点所在节点,对目标为该起点所在节点的正向边进行随机采样,得到其另一讫点所在节点,最后采样节点集 p_1。现阶段大部分研究都是在同质节点进行建模,本书所设计的游走策略可以实现起讫点不同语义的区分,能更有针对性地进行 OD 预测。

(3)关注稀疏边的损失函数。本书所研究的 OD 预测问题,数据稀疏对预测精度影响较大,MCNAT 模型额外设计了针对需求量较小边的损失函数,减小数据稀疏性对预测精度的影响。具体实现过程为:引入一个调质因子,在若干轮训练后,模型可以判断不存在出行需求的边,此类边对应的调质因子趋近于 0,此时对应损失函数也为 0,模型转而专注于难以识别的边。模型进行多轮训练后,L_{Sparse} 在优化稀疏数据上的作用显著。

第三节　展　　望

本书针对出租汽车起讫点需求预测问题进行了深入学习研究,做了大量工作,搭建的 MDGAT 和 MCNAT 两个模型在真实数据集的实验上也体现出了良好的预测性能。但是本书的研究工作仍存在一定的不足,需要进一步研究、探索。

(1)第五章 MCNAT 模型中时域信息基于连续时间表示,连续时间解决了 OD 流之间交互关系被离散的问题,但同时也产生了离散时间面对全局时空信息表征不够全面的缺点。如何同时在保留连续时间的同时增强对全局信息的把控,也是需要继续研究的。

（2）数据预处理方面,本书在纽约数据集采用 TCL 提供的预先划分不规则区域,而海口数据集则使用栅格的方法进行划分,栅格的方法划分研究区域一方面划分粒度影响预测精度,另一方面会造成部分承担城市功能的区域被分割或被重组,对区域空间信息完整性和适配性不高。在后续研究中,如何设计更合理且人工成本较低的区域划分方式亦是一个重点研究方向。

参 考 文 献

[1] 过秀成,吕慎.基于合作竞争类 OD 的轨道客流预测方法研究[J].公路交通科技,2000(4):57-59.

[2] 李艳红,袁振洲,谢海红,等.基于出租汽车 OD 数据的出租汽车出行特征分析[J].交通运输系统工程与信息,2007(5):85-89.

[3] 俞洁,杨晓光.基于改进 BP 神经网络的公交线路 OD 矩阵推算方法[J].系统工程,2006(4):89-92.

[4] 刘婧.基于 ANPR 数据的城市路网动态 OD 预测方法研究[D].成都:西南交通大学,2019.

[5] 张恒,秦振华,肖为周,等.基于决策树模型的地铁线网短时 OD 客流预测[J].河北工业科技,2023,40(2):146-154.

[6] 魏远,林彦,郭晟楠,等.融合出发地与目的地时空相关性的城市区域间出租汽车需求预测[J].计算机应用,2023,43(7):2100-2106.

[7] 陈柘,刘嘉华,赵斌,等.基于 GCN 和 TCN 的多因素城市路网出租汽车需求预测[J].控制与决策,2023,38(4):1031-1038.

[8] 段宗涛,张凯,杨云,等.基于深度 CNN-LSTM-ResNet 组合模型的出租汽车需求预测[J].交通运输系统工程与信息,2018,18(4):215-223.

[9] 冯宁,郭晟楠,宋超,等.面向交通流量预测的多组件时空图卷积网络[J].软件学报,2019,30(3):759-769.

[10] 郭羽含,田宁.基于深度聚合神经网络的网约车需求时空热度预测[J].计算机应用,2022,42(12):3941-3949.

[11] 李若怡.基于改进时空 LSTM 模型的城市轨道交通系统 OD 客流短时预测[D].北京:北京交通大学,2019.

[12] 林友芳,尹康,党毅,等.基于时空 LSTM 的 OD 客运需求预测[J].北京交通大

学学报,2019,43(1):114-121.

[13] 李浩然,许心越,李建民,等.考虑稀疏特性的城市轨道交通短时 OD 时空预测方法[J].铁道科学与工程学报,2023,20(10):3685-3695.

[14] 黄新元.基于时空图学习和注意力机制的交通流量预测技术研究[D].哈尔滨:黑龙江大学,2024.

[15] 王静,何苗苗,丁建立,等.面向多维时间序列异常检测的时空图卷积网络[J].西安电子科技大学学报,2024,51(3):170-181.

[16] 李怀翱,周晓锋,房灵申,等.基于时空图卷积网络的多变量时间序列预测方法[J].计算机应用研究,2022,39(12):3568-3573.

[17] 王开来.基于时空图学习的城市公共出行行为预测[D].大连:大连理工大学,2022.

[18] 冯东.基于深度学习的时空图数据特征提取方法研究[D].合肥:中国科学技术大学,2021.

[19] 聂梦婕.基于短时需求预测的出租汽车区域供需再平衡调度[D].西安:长安大学,2024.

[20] 陈春源,陈鹏.基于双模态信息的出租汽车需求预测[J].武汉理工大学学报,2024,46(5):110-116.

[21] 魏远.融合 OD 时空相关性的区域间出租汽车需求预测方法研究[D].北京:北京交通大学,2023.

[22] 徐志昊.多源因素影响下的出租汽车出行需求预测研究[D].青岛:青岛大学,2023.